AF389054

PRINCIPES

DE MUSIQUE.

Analyse progressive

ET RAISONNÉE

DES

PRINCIPES DE LA MUSIQUE,

MIS A LA PORTÉE DES JEUNES ÉLÈVES.

PREMIÈRE PARTIE,

Contenant tous les Élémens indispensables,

SUIVIE D'UNE

NOTICE SUR LE PLAIN-CHANT,

Comparé à la Musique moderne.

PARIS,

JULES RENOUARD, Libraire, rue de Tournon, 6.

1839.

ERRATA.

Page 56, ligne 8. — Au lieu de : *enfin de conserver,*
lisez .... *afin de conserver.*

Page 58, ligne 3. — Au lieu de : *et* $^3/_4$,
lisez .... *les* $^3/_4$.

ligne 19. — Au lieu de : 4 $^5/_2$,
lisez .... $^9/_4$ $^3/_2$.

Page 80, ligne 7. — Au lieu de : *la* b, *si, mi, fa,*
lisez .... *la si* b; *mi fa.*

Page 86, ligne 24. — Au lieu de *fa* ♯,
lisez .... *fa* b.

Page 92, ligne 4. — Au lieu de : *fa* —— *sol* ♯ $^1/_2$ — *la.*

lisez .... *fa* —— *sol* ♯ $^1/_2$ — *la.*

Utilité et But moral

DE

LA MUSIQUE.

Les législateurs grecs crurent la musique nécessaire pour former des citoyens humains et civilisés.

(Don Antonio Eximeno).

Les jeunes gens qui s'adonnent à la musique se plaisent à fréquenter la bonne société ; ils y sont accueillis, recherchés ; ils y puisent des sentimens honorables et des habitudes opposées à une vie dissipée et licencieuse.

Il n'est personne qui, dans les villes d'une moyenne population, n'ait été à même de remarquer avec quel succès prodigieux, depuis vingt-cinq ans, s'est propagé en France le goût de la musique. N'est-il pas curieux de se rappeler le temps où, dans un grand nombre de départemens, on entendait à peine quelques voix essayer à l'unisson des chansons populaires, une romance à la mode, de petits couplets d'opéras comiques, presque toujours défigurés. C'était un événement en certaines localités, que d'assister à une soirée dite musicale, pour y entendre un piano détestable, une guitare aux sons maigres, des chants dépourvus de style et d'expression, et par extraordinaire un quatuor d'instrumens qui trop souvent couraient les uns après les autres.

Aujourd'hui, sans faire mention de Paris, source des sciences et de la perfection, ni de nos autres grandes villes, aujourd'hui le peuple de la province se plaît à des chants à plusieurs parties; on entend des chœurs souvent fort agréables dans les ateliers de simples ouvriers et aux banquets joyeux du dimanche. Les rues, comme chez nos voisins du Nord et du Midi, retentissent le soir des accords de jeunes gens qui ont le sentiment de l'harmonie. Nos églises principales, long-temps veuves de musique, résonnent les jours de fêtes, de cantiques chantés en parties par les assistans, plus que par le clergé.

Les salons sur-tout réunissent quelquefois de véritables talens qui se font remarquer au milieu d'amateurs formés par des professeurs habiles. Partout on rencontre de grands pianos perfectionnés par nos facteurs célèbres, des harpes à double mouvement, des voix exercées, de bons accompagnateurs. Partout on peut entendre les œuvres sublimes des maîtres; en divers endroits, nombre de grands airs italiens sont même écoutés avec intérêt.

D'un autre côté, nous voyons se former dans les villes qui offrent quelques ressources, des cercles philharmoniques, des sociétés musicales, où sont rendues souvent avec ensemble et précision, de belles ouvertures et de brillantes symphonies. L'harmonie instrumentale, autrefois bornée à six ou sept parties, en réunit présentement quatorze, quinze et plus, dans les lieux où existent des musiques bourgeoises et des concerts de société.

Enfin, chose vraiment rare et surprenante, des opéras en trois et quatre actes ont eu, depuis peu d'années, leurs premières représentations dans des villes autres que Paris, et quelques-uns ont obtenu des succès flatteurs.

Ces progrès immenses doivent être attribués en grande partie au séjour à l'étranger, de nos armées qui, pendant longues années, répandues en Allemagne, en Italie, eurent parfois le loisir dans les villes, et même dans les villages, de puiser à la source de la douce et entraînante harmonie. Nos braves en rapportèrent, avec leurs stériles lauriers, le souvenir de ces plaisirs pacifiques et le besoin d'un art qui, dans tous les temps, fit les délices du genre humain.

Le Conservatoire de Paris, si digne de sa mission, et nos savans professeurs, ont sur-tout contribué puissamment à former et disséminer des artistes distingués, qui ont fourni aux familles aisées les moyens de cultiver avec fruit le chant et les instrumens.

Les théâtres des départemens ont eu aussi la possibilité de réunir des sujets capables de retracer les créations délicieuses de Rossini, de Boïeldieu, d'Hérold, d'Auber, et quelques-uns des œuvres de Weber, de Meyerbeer. Naguère on y connaissait à peine les compositions de Grétry, Devienne, Berton, Dellamaria,

Nicolo. On court maintenant en foule à la *Pie voleuse,* au *Barbier de Séville,* à *Zampa,* la *Dame Blanche,* la *Juive;* on ne trouve jamais assez de places pour *Robin des Bois, Robert le Diable;* preuve que l'on sait appré-cier, dans ces derniers, les vastes productions du génie.

Le Gouvernement a lui-même senti la nécessité de seconder l'impulsion, en propageant dans les villes d'un ordre inférieur les élémens de la musique. La loi du 28 juin 1833 impose aux instituteurs de première classe l'obligation d'enseigner le *chant,* qui est la base de la science, l'acheminement à des études fructueuses.

M. le Ministre de l'instruction publique vient aussi de prescrire l'enseignement du chant dans les colléges royaux : il est obligatoire pour les élèves des premières classes, y compris la cinquième. (1)

Quel grand résultat ne doit-on pas espérer de ces mesures encourageantes? Que les budgets départemen-taux, d'accord avec les vœux de nos prélats, ajoutent à ces heureuses innovations (qui d'ailleurs sont encore éloignées de porter leurs fruits), quelques subsides pour créer des psalettes dans les cathédrales et les séminaires! Bientôt la bonne musique deviendra tout-à-fait popu-laire. L'orgue ne saurait jamais remplacer la voix. Le chant n'est-il pas d'ailleurs une partie essentielle du culte? Il en est inséparable. Comment se fait-il qu'il soit presque partout négligé, abandonné à des hommes

(1) Délibération du conseil royal de l'instruction publique, du 5 octobre 1838.

qui ne savent que donner des éclats de voix à tort et à travers ?....

Aux accens d'une mélodie céleste, l'âme se pénètre plus profondément de la sainteté des sentimens religieux. Faites entendre dans nos églises une harmonie simple, pure, grave, majestueuse ! Le peuple la comprendra ; les enfans la conserveront dans leur mémoire ; les solennités religieuses en seront plus touchantes, et les temples mieux remplis !

Jadis, dans l'Arcadie encore sauvage, les jeunes gens furent tenus par les lois d'étudier et de *pratiquer* la musique jusqu'à l'âge de trente ans. Leurs premiers législateurs avaient jugé ce peuple, alors barbare, susceptible du bonheur, parce qu'ils avaient remarqué que son âme était sensible aux charmes de la mélodie. Les mœurs se modifièrent peu à peu ; les habitans devinrent doux, humains, bienfaisans, et l'on cita bientôt l'heureuse Arcadie. (1)

Les Cynéthéens, peuple voisin qui se refusa à l'enseignement de la musique, restèrent dans l'état inculte, et continuèrent à se livrer à des crimes atroces.

Dans toutes les autres parties de la Grèce, la musique faisait partie de l'éducation et donnait lieu à des concours, à des combats d'émulation, où il fallait avoir paru avec avantage pour acquérir de la célébrité. Pindare, Corinne, Terpandre, y remportèrent des prix.

(1) Voyage d'Anacharsis.

Le chant jouait l'un des premiers rôles aux jours solennels, aux assemblées, aux fêtes publiques.

Nos ancêtres eux-mêmes cultivèrent cette science avec ardeur. Dès l'an du monde 2140, il existait dans les Gaules des écoles où l'enseignaient les Bardes, nom que ceux-ci avaient pris, suivant divers historiens, du roi Bardur, leur fondateur.

On objectera peut-être que dans ces temps si reculés, les peuples ne s'en rendaient pas moins coupables d'actes affreux de barbarie ; qu'il y avait des sacrifices humains ; que plus tard des tyrans, tels que Néron, Henri VIII, Charles IX, tout épris qu'ils fussent de la musique, furent des monstres exécrables.

Quel est le siècle qui n'a pas vu périr des victimes innocentes sous le glaive de la vengeance, du fanatisme ou de la superstition ? A-t-on pu prouver d'ailleurs que, sous les Druides, la plupart des malheureux voués à la mort ne le furent pas en punition de leurs crimes ? — Quant à ces fléaux de l'humanité qui ont apparu comme des météores de destruction, ce ne sont que des exceptions heureusement fort rares. On sait que des éléphans, des lions et d'autres animaux sauvages, prêtent une oreille attentive à une douce mélodie, sans que leurs penchans naturels en soient adoucis ou modifiés, si l'on n'y joint une éducation convenable.

Formons des vœux pour que de nos jours la sollicitude du gouvernement et la passion qui se développe si généralement, produisent parmi nous des effets analogues à ceux attribués dans l'antiquité à un art qui, joint à la poésie, eut assez de puissance, dit-on, pour réconcilier les Lacédémoniens alors divisés entre eux ! ! ! à cette science, qui inspira tant de grandes actions et l'amour des vertus ! Un fait déjà remarquable et qui doit se propager de plus en plus, c'est que les jeunes gens qui s'adonnent à la musique, se plaisent à fréquenter la bonne société ; ils y sont accueillis, recherchés ; ils y puisent des sentimens honorables, des habitudes opposées à une vie dissipée et licencieuse. Tout le monde convient que la morale a gagné depuis trente ans. L'art que nous conseillons de cultiver n'a-t-il pu y contribuer pour beaucoup ?

L'éducation musicale est désormais dans nos mœurs ; la jeunesse brûle du désir de savoir la musique ; ceux qui l'ont négligée en éprouvent de vifs regrets ! Une mère prend plaisir a ébaucher le goût naissant de ses enfans ; elle exerce leur oreille, dès l'âge le plus tendre, à saisir et distinguer les accords ; ils deviendront musiciens sans y penser, et pour peu qu'ils aient de dispositions., nul doute qu'ils ne prennent à cœur de réussir par la suite.

Dans peu d'années, il paraîtra étrange qu'un jeune homme entrant dans le monde, ou qu'une jeune personne bien élevée, ne puisse prendre une part active à ces réunions de famille et d'amis où se font des essais plus ou moins heureux et dont on conserve le souvenir. Il en est dont les études seront couronnées plus tard par de véritables succès. Ne cite-t-on pas déjà des amateurs d'un talent remarquable dans l'un et l'autre sexe ?

De nombreux ouvrages, des méthodes, des journaux de musique, des traités savans ont grandement secondé les vœux du public. Répandus dans des mains capables de les apprécier et de les faire valoir, ils doivent servir à enseigner et approfondir les secrets de la mélodie et de l'harmonie. Mais aucun, jusqu'ici, ne nous semble avoir tenté de mettre à la portée des jeunes élèves (et peut-être d'une partie des instituteurs chargés d'enseigner le chant), l'enchaînement des élémens, des principes simples, de ceux que l'on démontre rarement, tant ils semblent, pour la plupart, faciles et naturels à ceux qui les connaissent. Nombre d'amateurs peu zélés ne sauraient cependant s'en rendre compte immédiatement.

Comment, en effet, une partie d'eux auraient-ils pu l'apprendre? Quel est le but que se proposent des enfans lorsqu'ils commencent à étudier la musique? Avec l'impatience et l'irréflexion de leur âge, ils veulent vite savoir lire la note, l'exécuter et en faire parade. Pour y arriver, ils s'attachent à solfier par imitation, à jouer, à phraser par routine, comme on apprend une chanson... Arrivent-ils à suivre passablement la mesure, à se retrouver avec d'autres voix ou instrumens? Ils regardent comme superflu de s'instruire des principes, de chercher pourquoi ils font tantôt des dièses, tantôt des bémols... Au milieu d'un morceau, ils s'inquiètent peu s'ils sont en majeur ou mineur; de quelle manière ils ont passé de l'un à l'autre mode; dans quel ton ils se trouvent. — Peu importe, disent-ils, pourvu qu'on exécute ce qui est écrit ! — Mais quelle peut être cette exécution si rien n'a été compris ? Ne pouvant raisonner leurs études, incapables d'éclairer les voies qu'ils ont à parcourir, ils galoppent en aveugles, et font des fautes qu'ils ne sentent pas, qu'ils ne sauraient corriger, si, par hasard, elles se trouvaient écrites. Ils ne peuvent enfin arriver à des progrès rapides et sûrs.

Telle est l'éducation première de la plupart des jeunes élèves musiciens, et, malheureusement, il en est peu qui, subséquemment, se donnent la peine d'approfondir des études aussi superficielles. On pourrait les comparer, ce me semble, à ces copistes subalternes qui ne savent que calquer machinalement un plan dont ils ignorent les lignes géométriques élémentaires, quoique toutes simples et familières au moindre arpenteur.

Combien en trouverait-on de ces exécutans légers, qui pussent répondre avec assurance et clarté à une partie des questions suivantes :

1º Une corde tendue, raccourcie peu à peu par le doigter, donne un très-grand nombre de sons tous différens. Pourquoi ne tient-on compte que de sept de ces sons dans l'étendue de l'échelle diatonique, et de douze dans celle chromatique ?

2º Deux sons à l'octave l'un de l'autre peuvent se remplacer mutuellement. Pourquoi un autre de la même gamme au-dessus ou au-dessous ne peut-il leur être substitué ?

3º Dans la gamme de *do* majeur, pourquoi *mi* n'est-il

pas la sensible de *fa*, comme *si* l'est de la note *do*, puisque dans les deux cas il n'existe qu'un demi-ton?

4° Pourquoi ne trouve-t-on pas ensemble, à la clef, des dièses et des bémols, lorsque cependant ils se rencontrent assez souvent réunis dans une même mesure?

5° On ne reconnaît que deux modes, l'un majeur, l'autre mineur. Pourquoi n'en existe-t-il pas trois ou plus?

6° La pratique ne compte que douze gammes majeures, dont une naturelle, et les autres avec dièses et bémols. Pourquoi, dans ce cas, en écrit-on quinze qui toutes présentent des différences à la clef?

7° Une seule gamme en majeur est dite naturelle : cette dénomination est-elle étrangère et inapplicable aux quatorze autres, lorsque toutes offrent les mêmes intervalles?

8° Quel est le nombre des octaves superposées que peut embrasser la musique actuelle, et pourquoi ce nombre ne peut-il être dépassé?

9° Qu'est-ce que le rhythme et quel en est l'effet?

Ces questions et autres semblables nous semblent devoir être faciles à résoudre, après avoir lu avec soin l'exposé qui suit.

Notre but est de rendre faciles, et de mettre à la portée d'une intelligence ordinaire, les principes de la musique telle qu'elle existe maintenant, sans y joindre aucun nouveau système, aucune nouvelle proposition.

Ce résumé sera donc un extrait des diverses publications anciennes et modernes. On a cherché à réunir, dans un cadre peu étendu, les faits positifs qu'il importe de se fixer dans la mémoire, en écartant ou en expliquant, autant qu'on a pu le faire, tout ce qui paraît problématique ou contradictoire.

La *France musicale* a dit tout récemment :

« Un bon livre d'études est celui qui pose le principe
» à côté de la règle, et qui peut être compris sans le
» secours d'un maître. Ceux qui, dédaignant l'intelli-
» gence, ne parlent qu'à la mémoire, portent de mau-
» vais fruits. »

D'après ces préceptes vrais, mais d'une exécution difficile, nous nous sommes proposé de faire un livre utile, élémentaire. Par une analyse succincte, et cependant raisonnée, on a essayé de marcher pas à pas, de procéder du connu à l'inconnu, du simple au composé.

Afin d'être compris de tous, nous avons pu être entraînés à quelques répétitions, à des détails minutieux pour des intelligences faciles. Sous ce rapport, que l'on ne perde pas de vue que nous avons constamment supposé ou un élève studieux qui, aux heures d'absence de son professeur, aurait le désir de fixer dans sa mémoire des principes qu'il n'aurait entrevus que confusément, ou une personne tout-à-fait étrangère à l'art, mais ayant la volonté (pour aider ses enfans, ou par tout autre motif), de parcourir seule et avec réflexion les sinuosités d'un labyrinthe qui a paru long-temps inextricable au plus grand nombre. Tous aujourd'hui peuvent aborder avec confiance ces difficultés, grâces aux écrits répandus par des hommes instruits.

Quant à celui qui sait, il n'a pas besoin d'apprendre.

Si nous avons réussi à rendre clair ce qui a pu paraître embrouillé aux yeux des jeunes élèves; si nous pouvons leur inspirer un goût décidé pour des études plus approfondies, ou même seulement pour un délassement qui offre, pendant toute la vie, tant de jouissances pures et d'émotions douces, nous nous féliciterons d'avoir employé à cette tâche quelques heures de loisir.

PREMIÈRE PARTIE.

Chapitre premier.

Des Sons.

Art. 1ᵉʳ. — La musique est l'art de disposer les sons et de les faire entendre, soit réunis, soit successifs, de manière à les rendre agréables à l'oreille.

Les sons étant la base, la cause première de la musique, il peut être utile d'avoir quelques notions sur leur origine, leur parité et sur leurs différences.

2. — Le son est créé par les vibrations rapides d'un corps élastique et sonore, frappé ou ébranlé de telle sorte qu'il produise un *son soutenu* que l'oreille peut apprécier. Une cloche, une corde tendue, une anche de clarinette, la glotte mue par le souffle des poumons ; ces divers corps et autres étant mis en vibration, forment des battemens précipités, des ondulations vives, accompagnées d'un bruit sensible. Ces battemens agitent avec la même rapidité les particules de l'air environnant, qui, très-élastique lui-même, entre aussi en vibration, agite à son tour le tympan de l'oreille, et lui transmet, comme conducteur, le son qu'a produit le corps sonore.

Lorsque les vibrations de celui-ci cessent, l'air cesse bientôt d'être agité sous l'empire des impressions qu'il avait reçues, et le son s'éteint peu à peu par le repos graduel des parties qui étaient en mouvement. (1)

3. — Le son peut aussi se transmettre par les corps liquides ou solides, et quelquefois plus rapidement que par l'air ; mais en musique, celui-ci est le véhicule ordinaire, et l'air est une condition indispensable ; car où il n'y a point d'air, il n'y a point de son possible. (2)

4. — Le corps élastique sonore en est donc le principe, et plus cette élasticité est grande, c'est-à-dire plus les élémens qui le composent sont mobiles, plus le corps est sonore. Une corde grossière vibre difficilement ; elle donne peu de son. Celle de mêmes dimensions, dont les parties sont parfaitement unies, vibre facilement et long-temps ; le son en est pur et durable.

5. — Puisque les sons prennent naissance dans les vibrations du corps sonore, c'est dans les modifications que celui-ci peut subir que je dois chercher les causes des différences qui se remarquent entre les sons.

6. — Ces différences sont évidentes, soit que les sons se fassent entendre successivement, soit que plusieurs se trouvent réunis au même instant.

S'ils sont isolés, les uns sont sourds ou *bas ;* les autres plus ou moins perçans ou *élevés.*

Quelques-uns d'eux étant entendus ensemble, leur union paraît, suivant le choix qui en est fait, tantôt douce, agréable, tantôt pénible et même choquante.

(1) Voir la note A, à la fin du volume.
(2) Voir la note B.

7. — Ces effets ont lieu sans égard au degré de force des sons; cette force est d'autant plus grande que les vibrations sont plus larges. Une corde tendue ou une cloche frappée fortement, élargit ses vibrations et donne beaucoup de son ; si on la touche légèrement, le son ne change pas, sous le rapport de l'élévation, il est seulement plus faible.

La même remarque est applicable à la voix et à tout instrument à vent, qui reçoit beaucoup de souffle ou fort peu, assez toutefois pour que le son ne subisse pas d'altération dans le degré d'élévation.

8. — Il faut remarquer aussi que des sons peuvent ne pas différer entre eux, quoique rendus par des corps de nature très-diverse. Une voix, un piano, un violon, un cor, une clarinette, peuvent faire entendre le même son ; celui de chacun ne sera ni plus bas, ni plus élevé que les autres, et cependant l'oreille les distinguera. Elle sait les discerner tous ; elle ne confond point ces sons, quoique semblables ; elle applique chacun d'eux au corps sonore qui l'a exprimé. C'est l'effet que nous éprouvons journellement, en entendant plusieurs personnes prononcer alternativement quelques mots de la même manière, avec les mêmes sons en apparence : l'oreille distingue chaque voix ; elle reconnaît sur-tout sans peine celles qui lui sont familières. Ce phénomène est comparable à celui de la vue, qui sait si parfaitement discerner les physionomies, quelque rapprochées qu'elles paraissent au premier instant.

Timbre.

9. — Cette qualité subtile de l'oreille saisit délicatement les moindres nuances de ces sons, qui sembleraient devoir être

identiques. Ces nuances sont dues non à la différence de l'élévation des sons, comme on le voit, mais à la qualité du *timbre*, qui, pour les voix, varie comme les individus. Il y a des timbres, mais en petit nombre, qui sont si doux, si flatteurs, qu'ils peuvent émouvoir jusqu'aux larmes; d'autres, aigres, durs ou rauques, causent des frissons pénibles.

Chaque espèce d'instrument a aussi son timbre particulier, lequel peut être modifié par l'étude, quoique appartenant à la même classe.

Le timbre le plus recherché est en général celui qui peut réunir la pureté, la douceur et la sonorité; c'est celui qu'il importe d'acquérir. Une voix faible peut quelquefois devenir agréable et même sonore; une voix dure peut s'adoucir par des exercices méthodiques. (1)

Quant aux instrumens, qui ne sait qu'un violon, un hautbois, paraissent souvent changer de timbre en changeant de main?

La cause physique de ces différences de timbre, dans les voix et les instrumens, est jusqu'ici restée inconnue.

Ces sons du même degré d'élévation produits par des voix ou des instrumens différens, sont dits *sons homophônes*, mot tiré du grec, lequel signifie sons semblables ou à *l'unisson*, quoique le timbre diffère.

10. — On voit qu'il existe dans les sons, indépendamment de la force plus ou moins grande et du timbre plus ou moins flatteur, une suite ou hiérarchie de bas en haut. C'est la combinaison de ces sons qui constitue la musique.

(1) Voir la note C.

Sons graves, Sons aigus.

11. — Pour apprécier les différences qui existent entre les sons, il faut les entendre successivement et les comparer les uns aux autres. Une corde tendue sur un violon ou un violoncelle, convient parfaitement à cette épreuve, parce que cette corde étant susceptible d'être raccourcie à volonté par le doigter, on peut en obtenir un grand nombre de sons différens (1).

12. — Si je frappe ou pince cette corde à vide, elle s'agitera vivement et donnera naissance à un son qui d'abord sera fort, et diminuera insensiblement d'intensité.

En posant le doigt à une très-petite distance du sillet, je raccourcis la partie de la corde mise en vibration. Dans cet état, étant frappée de nouveau, le son ne sera pas entièrement le même que le premier ; il aura changé assez sensiblement pour les distinguer l'un de l'autre.

J'avance le doigt, le son change encore, et en continuant de raccourcir la partie qui vibre, je puis obtenir de la même corde un nombre considérable de sons, tous différens.

13. — J'arriverais ainsi à des sons qui sembleraient s'élever de plus en plus. Ils m'échappent tout à fait, lorsque la corde devient trop courte pour que les vibrations soient appréciées par l'oreille.

14. — Les premiers sons obtenus sont dits *graves* ou bas, par opposition aux derniers, qui, plus élevés, se nomment *aigus* ou hauts.

---

(1) La corde est le corps sonore ; la caisse est le récipient du son, et sert à le répercuter en lui donnant de l'extension et de la force.

Il n'y a point de limites pour séparer les sons graves des sons aigus : tel son est grave, comparé à tout autre qui est plus élevé, même au plus rapproché, dès qu'il est au-dessus; le même son grave est dit aigu, si on le compare à un autre qui est au-dessous.

Sons des Cordes.

15. — L'expérience démontre que plus le son est aigu, plus les vibrations de la corde sont rapides; c'est-à-dire que dans un espace de temps donné (par exemple dans une seconde), le nombre des vibrations, pour un son élevé, est bien plus grand que pour un son très-grave.

Or, il est naturel qu'une corde courte se meuve plus facilement qu'une longue de même diamètre, et qu'une corde mince ou fine se meuve plus rapidement qu'une grosse (1). Aussi ai-je trouvé, sous le premier point de vue, qu'en raccourcissant la corde, les sons devenaient de plus en plus aigus. (14)

16. — De là le principe qui a fait adopter des cordes de même longueur et de différentes grosseurs, pour les violoncelles, les violons, guitares, et à la fois des cordes de différentes grosseurs et longueurs, pour les pianos, les harpes, etc.

17. — On peut conclure de ce qui précède que les sons pourraient être comparés entre eux par les différentes longueurs d'une même corde; car on peut dire évidemment que tel son est produit par la corde entière, tel autre par sa moitié ou son tiers, son cinquième, etc.

18. — Il est plus ordinaire de comparer le nombre des vibrations entre elles; de dire par exemple que tel son est le

(1) Voir la note D.

produit de tant de vibrations par seconde; que tel autre est le produit du double, du triple, du quadruple des ces vibra-tions.

19. — Pour prendre une idée des ces rapports, comparons les vibrations d'une corde entière avec celles de sa moitié.

Il a été prouvé par des expériences positives que si une corde produit dans une seconde quarante vibrations, sa moitié en donne quatre-vingts, la tension restant la même. Si elle en produit cent, la moitié en donne deux cents. Ainsi, la moitié en fait deux, pendant que la corde entière n'en fait qu'une. Par conséquent, la moitié de cette moitié, ou le quart de la corde, en ferait quatre; le huitième en donnerait huit; ainsi de suite.

Il est évident aussi que si on double la longueur, le nombre des vibrations diminuera de moitié.

20. — En principe général, le nombre des vibrations est subordonné à la longueur d'une même corde tendue : plus on la raccourcit, plus le nombre augmente, et plus le son de-vient aigu.

21. — Une autre remarque non moins importante, c'est que la corde qui donne cent vibrations (ou tel autre nombre) dans la première seconde, en produit également cent dans la seconde suivante, cent dans la troisième, et ainsi dans chaque autre seconde, jusqu'à ce que le son soit éteint. La force du son diminue peu à peu, en même temps que la largeur des vibrations; mais il ne devient ni plus grave ni plus aigu, parce que le nombre des vibrations est *isochrône* (1), ce qui veut dire qu'il est resté le même pendant chaque seconde.

(1) Mot tiré du grec.

22. — Cette assertion peut être rendue sensible par un très-long fil, au bout duquel j'aurais fixé un poids d'une once ou tout autre. Si je sors le fil de son à-plomb, à quelque distance de la verticale, et que je l'abandonne à lui-même, les oscillations de droite à gauche parcourent peu à peu un moindre espace, jusqu'au repos parfait; et néanmoins, pendant chaque minute, le nombre des oscillations aura été le même.

En raccourcissant le fil, le nombre des mouvemens augmentera visiblement. Mais tant que le fil ne changera pas de longueur, le nombre sera parfaitement le même pendant chaque minute.

23. — Une corde tendue produit des oscillations ou vibrations beaucoup plus rapides, mais absolument analogues à celles de ce pendule.

Sons de la Voix.

24. — La voix humaine jouit des mêmes facultés que la corde sonore. Le souffle des poumons agite les lèvres de la glotte, lesquelles remplissant les fonctions d'une anche, vibrent comme elle, et produisent le son. Le larynx, suspendu sur ses attaches, et faisant partie de la trachée-artère, forme, pendant l'action du chant, des ondulations vives et précipitées qui modifient les sons avec plus ou moins de souplesse, suivant le degré de perfection de l'organe. Ces sons se trouvent de plus modifiés de nouveau, dans la cavité de la bouche, du nez, par les dents, etc.

25. — Les sons successifs que peut rendre la voix sont aussi plus ou moins graves, plus ou moins élevés; chacun

d'eux peut être fort ou faible, augmenté, diminué, prolongé, sans qu'il soit différent de lui-même, sous le rapport de l'élévation ou de la gravité. Pour peu qu'il change, c'est un défaut, si l'on a l'intention de soutenir le même son. Ce serait comme si, par mégarde, on dérangeait le doigt sur un violon, en changeant la longueur de la corde vibrante.

26. — Il suit de cette observation, que pour se former la voix et conserver à volonté l'identité du son, il est très-utile de s'exercer à filer des sons, à les soutenir, les enfler et les diminuer progressivement, sans en changer le degré d'élévation. On y parvient à l'aide d'un instrument, d'un piano, d'une guitare. La voix tend naturellement à baisser un son long-temps soutenu; lorsque l'haleine va vous manquer, consultez l'instrument; il vous dira si le son est bien le même qu'en commençant.

Cette étude est extrêmement importante, et n'est pas sans difficulté. C'est d'ailleurs un excellent moyen de perfectionner le timbre et de lui donner de l'éclat et de la vigueur. Une voix méthodiquement exercée acquiert de la force et de l'énergie, quand on a bien soin de la ménager et de ne jamais la fatiguer. Une belle voix est si rare, si précieuse!! Lorsqu'on a été doué par la nature d'un timbre agréable, on ne doit rien négliger pour obtenir des sons purs et parfaitement justes.

Il faut éviter sur-tout avec une attention scrupuleuse, dans les premiers mois, de chercher à rendre des sons trop élevés ou trop graves; on risquerait de se gâter la voix, ou de la perdre tout-à-fait.

27. — Le même exercice sur les sons est recommandé par tous les professeurs, pour les instrumens qui doivent les rendre par l'archet ou par l'insufflation. Ces derniers ont, comme

la voix, de la tendance à baisser insensiblement, ce qui provient de la diminution du souffle et de la fatigue des lèvres.

Sons des Instrumens à vent.

28. — Les instrumens à vent ont été fabriqués pour produire les mêmes effets que les cordes et la voix. Comme ils sont nombreux, de formes et de matières très-diverses, et qu'il serait peu utile de les connaître en détail, il suffira de faire quelques remarques sur la manière générale dont se forment les sons que l'on peut en obtenir.

29. — On sait qu'un corps élastique est une qualité indispensable pour créer le son : l'air possède cette qualité à un degré éminent; il est compressible et élastique au plus haut point. Or, le souffle introduit dans un tube étroit, chasse avec force la colonne d'air qui s'y trouve renfermée; cette colonne rencontre, à l'extrémité opposée du tube, l'air extérieur qui offre de la résistance. Alors la colonne se trouve pressée aux deux extrémités et aussi par les parois de l'instrument; et comme cet air renfermé est très-élastique, il est alternativement poussé par le souffle et repoussé par son propre ressort, ce qui établit un mouvement de vibrations rapides, auxquelles se joint le plus souvent le son produit par une anche ou par les lèvres.

Dans les flûtes de pan et les flûtes traversières, le souffle est brisé à l'embouchure; il y vibre avec force, et communique ses vibrations sonores à la colonne d'air intérieure.

Les flageolets et les tuyaux à bouche des orgues reçoivent de même un souffle brisé.

L'anche du haut-bois, d'une clarinette, et celles de quelques jeux particuliers de l'orgue, vibrent au moindre souffle; le bruit qu'elles rendent et leurs vibrations se transmettent immédiatement à la colonne d'air qui, sur-le-champ, devient sonore.

Dans les trompettes, cors et serpents, les lèvres produisent l'effet d'une anche. Quant aux contours que reçoit le corps de l'instrument, ils n'ont évidemment d'autre objet que de rendre plus longue la colonne d'air dans un petit espace.

30. — Il reste à expliquer la diversité des sons d'un même instrument. Elle doit être attribuée, en général, au plus ou moins de longueur de la colonne d'air mise en vibration. Plus elle est longue, plus le son est grave, comme pour les cordes. Les trous percés de distance en distance, que bouchent à volonté les doigts ou les clefs, permettent d'allonger ou de raccourcir la colonne sonore, de même que sur un violoncelle ou un alto, les doigts allongent ou raccourcissent la partie vibrante de la corde.

31. — En quelques autres cas, pour les instrumens percés de trous latéraux, c'est à la combinaison des doigts, à la pression graduée de l'anche, à la disposition des lèvres plus ou moins serrées, et sur-tout à l'intensité du souffle, qu'est due l'élévation des sons.

Ces deux dernières conditions s'appliquent spécialement aux instrumens qui n'ont que l'embouchure et le pavillon, tels que les cors ordinaires, les trompes de chasse, les trompettes, clairons et cornets sans clefs.

Sons des Instrumens à percussion.

32. — On juge sans peine que le son d'un instrument à percussion est l'effet de la collision d'un corps sur un autre élastique et sonore. Ceux en usage ne donnent, en général, qu'un seul son chacun. Tels sont les caisses de tambour, les timbales, cymbales, triangles, tam-tams, les cloches, castagnettes, les harmonicas à percussion, etc.

Chapitre 2.

DIVISIONS GÉNÉRALES

De la Musique.

33. — L'origine des sons divers étant connue, il s'agit de les utiliser, d'en faire une application raisonnée, et d'émouvoir l'âme par leur emploi. C'est l'objet de la musique.

34. — L'art musical, que les Grecs regardaient comme l'invention des Muses (1), et qui était estimé par eux comme un don céleste, a pour but principal de traduire à l'oreille, par des sons choisis, de porter à l'esprit, au cœur et à l'âme, les sentimens profonds et les passions des hommes.

(1) Le nom de musique vient, dit-on, de *musa.* On en fait remonter l'étymologie à la langue égyptienne.

35. — Cette manière d'exprimer nos idées, nos sensations, diffère du langage ordinaire, en ce que, sans avoir recours à des syllabes et à des mots, les sons seuls des instrumens peuvent y être employés.

En effet, le cœur peut être touché, et vivement ou doucement ému, en entendant seulement des sons flatteurs ou bruyans, savamment combinés, et rendus avec l'expression convenable. Le cœur peut donc comprendre la musique, sans qu'il y soit joint des paroles.

C'est ce qui constitue la *musique instrumentale*.

Musique instrumentale.

36. — Ce genre est une sorte de langage au moyen des sons ; et ce langage, comme celui de la poésie, a ses antécédens, ses conséquents, ses périodes, ses suspensions, ses phrases enfin, qu'il est aussi important de comprendre et de sentir que dans une langue parlée, non seulement pour l'instrument qui veut se faire entendre, mais encore pour l'auditeur qui prête l'oreille aux accens du musicien.

37. — Il est aisé de juger que le nombre, la diversité de forme et de timbre des instrumens étant considérables, et devant s'accroître de plus en plus, les effets qu'ils peuvent produire, séparément ou réunis, sont incalculables.

Musique vocale.

38. — Lorsque la voix, en proférant des sons, y joint des paroles, celles-ci sont exprimées avec des inflexions, des accens plus prononcés que dans le discours simple. C'est ce qu'on appelle *musique vocale*.

39. — Dans ce cas, le timbre de la voix diffère sensiblemen
de la même voix quand elle parle : le motif est que le larynx
dans l'action du chant, vibre beaucoup plus qu'en prononçan
des paroles posées, qui, en général, varient très-peu du grave
à l'aigu.

Cette différence est telle chez la plupart des individus, que
si l'on ne connaît les deux voix, du chant et du parler, on ne
peut que difficilement les attribuer à la même personne. Il en
est dont la voix parlante est dure, et qui ont pour le chant des
sons agréables. L'inverse se rencontre aussi quelquefois (1).

Mélodie—Harmonie.

40. — Il suit de la distinction que nous avons faite (art. 6),
des sons *successifs* et des sons *simultanés*, que la musique se
divise naturellement en deux parties, savoir : la *mélodie*, qni
est une suite de sons isolés, et l'*harmonie*, qui est une suite de
plusieurs mélodies entendues ensemble (2).

41. — La mélodie, que l'on nomme plus souvent le chant,
même pour les instrumens, est un enchaînement de sons choisis, plus ou moins prolongés, qui, par des repos gradués et
des suspensions peu sensibles, présentent à l'oreille un sens
suivi et agréable.

42. — On peut comparer la mélodie à un discours. En effet, des mots sans ordre n'offrent aucun sens déterminé ; il en
serait ainsi de sons rendus au hasard. Au contraire, une phrase
suivie présente un but, un sujet qui fixe l'attention. De même

(1) Voir note E.
(2) Voir note F.

un beau chant oblige les auditeurs à prêter l'oreille, à suivre l'intention et le sens proposés.

La mélodie est donc un discours musical.

43. — Une voix ou un instrument, qui seul fait entendre des sons successifs, artistement arrangés, produit un chant ou de la mélodie. Ce sera encore un chant, si l'on considère une suite de sons combinés de manière à fixer l'attention au milieu de plusieurs autres qui tendent à le fortifier et à l'embellir. Ces derniers se nomment parties d'*accompagnement*, et forment une branche de l'harmonie.

44. — On voit que les idées de mélodie et de chant se confondent assez ordinairement ; cependant il existe entre elles une différence.

La mélodie est une suite de sons arrangés dans un ordre symétrique, à peu près comme le sont des vers dans une pièce de poésie, dans une strophe d'ode; mais toutes les pièces de vers n'offrent pas des idées vraiment poétiques ; souvent on n'y trouve que de la prose versifiée. La mélodie peut de même présenter des phrases faibles, inégales, communes ou presque inintelligibles. Elle est, dans ce cas, dépourvue de grâces, d'élégance et d'intérêt; il lui manque le feu de la poésie, qui, en musique, est le chant ! Sans lui, point de bonne mélodie, point d'entraînement. Le chant diffère donc de la mélodie, autant que la poésie de la versification.

45. — L'harmonie est le concours de plusieurs mélodies. C'est l'effet de diverses voix ou instrumens dont chacun exprime une suite de sons différens qui tendent à un but commun, à une unité agréable.

46. — L'une des voix ou l'un des instrumens domine ordinairement par un chant saillant, auquel l'oreille s'attache de

préference , parce qu'elle cherche naturellement un sens bien prononcé ; quelquefois aussi , ce chant principal est l'effet du concours successif de plusieurs voix ou instrumens qui , comme dans un dialogue animé, s'interrompent à chaque instant, pour continuer le même sujet.

47. — Il est facile de sentir que l'harmonie ne saurait être comparée au discours : plusieurs personnes proférant ensemble des phrases différentes , ne produiraient qu'une confusion insupportable ; l'auditeur ne saisirait que par-ci , par-là , des mots sans suite, qui ne sauraient fixer ses idées.

Mais l'oreille , en ce qui concerne les sons , a , de même que les yeux , la faculté de saisir un ensemble d'objets divers , et d'en apprécier la symétrie. Elle est flattée de la réunion bien ordonnée de plusieurs sons, comme la vue peut l'être à l'aspect d'un beau vase de fleurs , d'un paysage , d'un tableau bien composé. Pour achever cette comparaison , l'on peut ajouter que les sons doivent être assortis, parce qu'il en est dont l'ensemble est dur et choquant ; de même que le rapprochement de certaines couleurs vives semble blesser les yeux.

Chapitre 3.

PRINCIPES ÉLÉMENTAIRES.

Portée musicale.

48. — L'écriture ordinaire a su retracer et perpétuer les discours des écrivains qui ont cherché à éclairer ou amuser les

hommes. L'écriture de la musique a le même but, pour représenter les chants ou l'harmonie que les compositeurs ont trouvés agréables ; elle a cet avantage sur la littérature, que les figures destinées à rappeler les sons ont été adoptées par tous
les peuples modernes qui ont entre eux des relations suivies.
Tous, par conséquent, peuvent lire la musique des auteurs des
divers pays, quoique la langue parlée des compositeurs ne
leur soit pas connue (1). On est même convenu, tacitement,
que le peu de mots employés en musique, pour ce qui concerne les sons et la manière de les exprimer, seraient presque
tous tirés de la langue italienne. Hommage rendu à ce pays
classique qui a créé ou formé la plupart des grands auteurs
dont nous admirons les œuvres musicales.

49. — Puisque les sons se divisent en sons bas et en sons
élevés, il eût dû paraître naturel, dès la création de l'art ; de
les figurer sur le papier par degrés et successivement, comme
ils sont entendus. Cependant cette découverte n'a eu lieu que
tardivement, au commencement du xiᵉ siècle. Avant cette
époque. les sons étaient représentés par des lettres et par des
signes dont le nombre s'élevait à 1620 (2).

On a imaginé d'y substituer une réunion de cinq lignes horizontales et rapprochées, qui, par conséquent, laissent entre
elles quatre petits espaces blancs ; c'est ce qu'on nomme
portée. (Figure 1ʳᵉ.)

La ligne inférieure est la première ; la seconde, celle immédiatement au-dessus ; la troisième est celle du milieu ; puis la
quatrième, et enfin la cinquième, qui est celle supérieure.

(1) Voir la note G.

(2) Il fallait, chez les anciens peuples, dix ans pour apprendre passablement les seuls principes de la musique.

50. — En figurant un son sur chaque ligne noire, et un autre sur chaque barreau blanc, on n'a d'espace que pour neuf sons. Ajoutons-en un au-dessous de la première ligne, et un autre au-dessus de la cinquième, on arrivera à écrire onze sons. Ce nombre est celui de l'étendue ordinaire ou de la portée de la voix de chaque individu dans les *sons pleins;* de là vient le nom de *portée,* pour les neuf lignes horizontales, y compris les blanches (1).

51. — Ces onze signes étant insuffisans pour écrire les sons qui excèdent ces limites, notamment ceux des instrumens, on tire au-dessus et au-dessous de la portée une ou plusieurs petites lignes *supplémentaires,* lorsqu'il en est besoin. Ces petites lignes se répètent à chaque son élevé ou bas, que ne peut recevoir la portée; ce qui permet de distinguer sans peine les cinq lignes primitives. (Figure 2).

52. — Les portées ont été tracées horizontalement, et les sons se figurent de gauche à droite, comme l'écriture ordinaire, afin de pouvoir écrire entre les portées chaque mot ou syllabe, sous le signe du son ou des sons qui lui sont applicables.

Notes.

53. — Quant aux signes mêmes représentant les sons, il n'y en a que deux, qui sont ou un O, ou un point noir très-saillant. Le premier peut, dans certains cas, prendre une queue verticale, qui est indifféremment supérieure ou inférieure. L'autre est toujours accompagnée de cette queue, terminée or-

(1) Voir la note H.

dinairement par un ou plusieurs petits traits ou crochets qui servent à marquer la durée du son.

Chacun de ces deux signes se place tant sur les lignes que sur les barreaux blancs. (Figure 3). On les nomme *notes*.

54. — Voilà donc un moyen de représenter un certain nombre de sons graves ou aigus, suivant la place qu'ils occupent dans la hiérarchie générale.

Mais on a pu remarquer (12) qu'une corde, raccourcie peu à peu par le doigter, en produit un très-grand nombre. On en obtiendrait évidemment beaucoup d'autres, si on y ajoutait les sons d'autres cordes plus grosses ou plus fines. Ce résultat semblerait exiger bien plus de lignes que n'en a la portée, en y joignant même une multitude de supplémentaires, au-dessus et au-dessous.

55. — La réponse à cette objection est,

1° Que la portée, créée dans le principe pour la voix, suffit à chacune pour les sons qu'elle peut rendre, le nombre en étant généralement fort borné dans chaque individu ;

2° Que de cette série de sons très-rapprochés, obtenus d'une corde ou de plusieurs, une partie seulement entre dans les chants simples, et même dans d'autres plus compliqués ; car ceux-ci ne diffèrent des premiers que par quelques autres sons intercallaires, que nous distinguerons en y ajoutant des signes particuliers.

56. — On n'a donc dû tenir compte que des sons nécessaires, indispensables, pour créer ou retracer des chants. Il a suffi, pour cela, d'en faire la distraction, de les extraire de la série générale, et d'en prendre note sur la portée, sans y mentionner les autres.

57. — Il a été facile de s'assurer que les airs simples, les

chants les plus naturels comme il en existe partout, n'emploient jamais qu'un très-petit nombre de sons, tous renfermés dans l'étendue d'une voix ordinaire : tels sont la plupart des *chants d'église*, les *airs de chasse* ; ceux de *Charmante Gabrielle* ; *ô Fontenay* ; *Rien, tendre amour*, et mille autres d'une étendue bornée.

Ces sons, que l'on peut considérer comme principaux, étaient en usage, à coup sûr, long-temps avant qu'on eût songé à les écrire, et depuis ils ont dû, seuls, pendant des siècles, constituer presque toute la musique. En ne s'attachant donc qu'à ceux-ci d'abord, la portée a suffi pour les retracer. On est convenu de la place que chacun occuperait, et pour les reconnaître entre eux, on leur a donné des noms particuliers.

Voici comment on pourrait se figurer que ces noms et ces places ont été fixés sur la portée .

Écriture des Sons.

58. — Je tends sur un violoncelle ou un violon, une corde qui donnera un son quelconque, et qui sera le plus grave que puisse produire cette corde, au degré de tension où elle se trouve. Supposons que ce soit aussi le son le plus grave de ma voix. Je le nommerai *do* (ou *ut*). (1)

Comme ce son est bas, je dois l'écrire au bas de la portée, ou même au-dessous. Choisissons la petite ligne supplémensaire inférieure à la portée. J'y place un O ou un point noir (figure 4); ce signe m'indique que je devrai émettre le son le plus grave de ma voix, chaque fois que je le verrai écrit.

(1) Voir la note I.

59. — Si je profère ce son en même temps que la corde résonne, les deux sons formeront un ensemble, un tout agréable à l'oreille, et s'y trouveront parfaitement confondus, parce qu'il y aura identité. Cet effet de deux sons identiques se nomme accord à l'unisson, ou simplement *unisson* (sons unis). (Art. 9, dernier paragraphe).

60. — Sans m'arrêter, pour l'instant, aux sons que j'obtiendrais jusqu'à la moitié de la corde, je poserai le doigt sur le milieu, de manière qu'une moitié seule puisse vibrer. Le nouveau son obtenu de cette moitié, et que répétera ma voix, en répétant aussi alternativement le premier *do*, paraîtra tellement s'unir et présque se confondre avec celui de la corde entière, que cet accord se rapprochera beaucoup de l'unisson. Dès que le doigt s'écarte du milieu de la corde, l'ensemble devient immédiatement dur et fatigant.

61. — Cette propriété singulière et *unique* de la corde et de sa moitié a fait considérer le son de cette dernière comme un écho ou une répétition du son grave. On a en conséquence donné le même nom, *do*, à l'un et à l'autre.

62. — Or entre ces deux sons, la plupart des airs simples n'en font jamais entendre que six autres gradués du grave à l'aigu. Je puis donc, en laissant en blanc sur la portée six degrés pour y écrire ceux-ci, annoter le *do* aigu sur le septième, lequel se trouve entre la troisième et quatrième lignes. ('Figure 5.)

63. — Avant de chercher à écrire les six sons intermédiaires, il convient d'ajouter quelques observations, pour bien se fixer sur les propriétés des deux *do* déjà trouvés.

Tous deux ayant été pris dans l'étendue de la voix, en les répétant alternativement, elle passe de l'un à l'autre sans

peine, pour peu qu'elle y soit exercée ; elle s'arrête indifféremment sur le grave ou sur l'aigu, tandis qu'elle éprouve un
peu plus de difficultés pour passer de l'un d'eux à l'un des sons
intermédiaires ; enfin, elle ne peut guère s'arrêter à ceux-ci
qu'en faisant désirer à l'oreille de revenir à l'un des deux premiers.

64. — Ces deux sons *do* paraissent donc pouvoir se remplacer mutuellement, et être pris l'un pour l'autre, ce qui n'a jamais lieu si l'on emploie des sons intermédiaires. Un homme
et une femme qui, sans connaître la musique, chantent le
même air, peuvent croire qu'ils donnent les mêmes sons : il est
généralement constant que l'homme fait entendre les sons de
cordes entières et la femme ceux de la moitié.

Il est facile de vérifier ces assertions, à l'aide d'un piano.

65. — Maintenant, pour écrire les six sons intermédiaires,
on peut, avec une légère attention, s'assurer que les airs simples les répètent souvent ; que tous s'éloignent fort peu de l'un
des deux *do*, et que la plupart sont compris entre ces deux
sons. L'air si connu : *Ah! vous dirai-je, maman*, et celui de
Malbrough, qui tous deux commencent et finissent par *do*
grave, et dont les sons ne dépassent pas le *do* aigu, sont très-
convenables pour se figurer la différence d'élévation des six
sons que nous voulons écrire.

66. — Ceci étant bien saisi, j'écris un *o* immédiatement au-
au-dessus du premier *do* et au-dessous de la première ligne
de la portée, pour figurer le son le plus grave après ce *do* bas.
Ce nouveau son prendra le nom de *ré*. (Figure 6.)

J'appellerai *mi* le son qui suit en montant et qui s'écrit sur
la première ligne ;

Fa, le suivant, entre la première et la deuxième lignes ;

Sol, celui au-dessus, deuxième ligne ;

La, entre la deuxième et la troisième ;

Si, troisième ligne.

Les deux *do* se trouvant aux deux extrémités, j'ai une suite de huit sons, dont chacun est gradué sur la portée, suivant son degré d'élévation (1). (Figure 7).

Echelle musicale et Gamme naturelle.

67. — J'ai trouvé sept sons principaux :

Do, *ré*, *mi*, *fa*, *sol*, *la*, *si*, qui se succèdent par échelons du grave à l'aigu. C'est ce qu'on nomme *échelle musicale*.

68. — Le huitième son, *do* aigu, répétition du premier, est nécessaire pour compléter le repos de l'oreille, qui ne saurait être satisfaite en s'arrêtant au *si*. Ces huit sons réunis :

Do, *ré*, *mi*, *fa*, *sol*, *la*, *si*, *do*, forment la *gamme* (2). Elle est dite *gamme naturelle* de *do*, parce que les sons s'associent naturellement au premier, pris pour base, et auquel tous les autres sont adjoints, à l'effet d'obtenir des chants graduels.

69. — La gamme prend aussi le nom d'*octave*, à cause de la réunion des huit sons qui la composent.

70. — Le premier son *do* a été pris arbitrairement, puisque la corde qui nous l'a donné pouvait être remplacée par une autre plus grosse ou plus fine; dont le son, d'après la tension, eût probablement différé de celui que nous avons obtenu. On

(1) Voir note J.
(2) Voir note L.

doit en conclure que tout autre son nous eût procuré le même résultat.

Cette observation aura son application par la suite.

Notes de la Gamme.

71. — Il a fallu, sur la portée, prendre note de chacun des sons de l'échelle pour les distinguer entre eux ; de là vient le nom de *notes*, au lieu de celui de *sons* (1).

On les nomme aussi quelquefois *cordes*, parce qu'on suppose que chaque son est rendu par une corde particulière, comme dans les pianos. C'est ce qui a fait appeler *octacorde* la réunion des huit cordes de la gamme, ou le système de huit sons, tel que l'ont adopté les modernes. La gamme est donc un octacorde ; l'échelle musicale est un *eptacorde* (7 cordes).

72. — D'après l'ordre qu'occupent les huit notes, à partir de *do* grave, on a nommé :

Do, première ;
Ré, seconde ;
Mi, tierce (3ᵉ) ;
Fa, quarte (4ᵉ) ;
Sol, quinte (5ᵉ) ;
La, sixte (6ᵉ) ;
Si, septième ;
Do, aigu, octave.

Ainsi les notes se comptent, en montant, à partir de la plus grave.

(1) Voir note M.

73. — Donc aussi, en partant d'une autre note que *do*, par exemple de *ré*, on dira que *ré* est la première, *mi* la seconde, *fa* la troisième, et ainsi de suite.

Il en est de même de toute autre note prise pour base.

Tons et demi-Tons.

74. — Tous les peuples ne commencent pas leur gamme par le son *do*; il n'en est pas moins vrai que l'échelle européenne suffit pour retracer les chants simples de tous les pays, et que l'on retrouve partout la série des sept sons, quel que soit l'ordre que leur donnent les nations diverses, suivant leur génie.

75. — On peut conclure de là que la place de chaque son, par rapport à ceux qui en sont proches, a été assignée par la nature, ou au moins par un usage constant. La gamme peut donc être considérée comme une espèce de chant naturel qui sert à en fixer les différens sons dans la mémoire. Aussi des professeurs, au lieu du nom des notes, font-ils chanter un vers de huit syllabes en montant la gamme, et un autre, aussi de huit syllabes, en la descendant (1).

76. — Les huit sons de la gamme sont-ils entre eux à égales distances? Y a-t-il un ou plusieurs sons plus rapprochés que les autres? Jusqu'ici nous sommes censés l'ignorer; dans tous les cas, nous ne pouvons que chercher un moyen de nous en assurer, sans qu'il soit permis d'en altérer aucun en le baissant ou en l'élevant, puisque tous sont à leur place nécessaire, et qu'en modifiant arbitrairement leurs distances, nous n'au-

______

(1) M. Wilhem emploie ceux-ci :

Dieu tout-puissant, reçois nos vœux :
Que ta bonté nous rende heureux!

rions plus les sons des airs qui ont fourni ces notes, en partant du son primitif.

77. — Supposons donc ces huit sont invariables et bien familiers à notre oreille. Cherchons ensuite à mesurer la distance qui sépare les deux premières notes *do* et *ré*; puis celle entre *ré* et *mi*, entre *mi* et *fa*, etc.; et voyons si ces distances sont égales ou de combien elles diffèrent.

78. — Pour rendre sensible cette expérience, il suffit d'imaginer que huit cordes sont tendues sur un instrument à manche, et que chacune donne l'un des sons de la gamme. La plus grosse fait résonner le *do* grave, la suivante le *ré*, la troisième le *mi*, et ainsi jusqu'au *do* aigu.

Je ne pourrai faire rendre à la corde *do* grave le son de *ré* à l'unisson de la seconde corde, qu'en avançant le doigt sur la première, à quelque distance du sillet. Supposons que cette distance soit d'un pouce : cet intervalle qu'il m'a fallu franchir, je le nomme *ton*. Ainsi de *do* à *ré*, il y a un ton.

J'opérerai de la même manière sur la corde *ré* pour avoir le son *mi* à l'unisson de la troisième; je trouve un pouce comme précédemment. Il y a donc aussi un ton de *ré* à *mi*.

Continuant le même exercice, je n'ai besoin d'avancer le doigt que d'un demi-pouce sur la troisième corde *mi*, pour obtenir l'unisson du *fa*. Cet intervalle du *mi* au *fa* n'est par conséquent que de la moitié de l'un des précédens. Par cette raison je le nommerai *demi-ton*.

Je trouverais de même un ton entre les quatre notes suivantes, *fa*, *sol*, *la*, *si*; et seulement un demi-ton de *si* à *do*.

79. — Il résulte de cette opération que les sept distances ou *intervalles* entre les huit notes de la gamme, ne sont pas égaux entre eux; qu'il y en a deux de *mi* à *fa*, de *si* à *do*,

qui ne forment que la moitié des autres; enfin, que la gamme donne cinq tons et deux demi-tons, placés ainsi qu'il suit :

1 ton   1   1/2   1   1   1   1/2

Do —— ré —— mi — fa — — sol —— la — —si — do. (1)

80. — Il importe de remarquer que les deux demi-tons sont placés, l'un de la troisième à la quatrième note, l'autre de la septième à la huitième. Leur place ne varie point, soit que l'on monte la gamme, soit qu'on la descende.

81. — On nomme *secondes majeures* chacun des cinq intervalles qui portent un ton entier (ou deux demi-tons), parce qu'ils offrent la plus grande distance de seconde dans la gamme naturelle.

Les deux autres de *mi* à *fa*, de *si* à *do*, n'étant que d'un demi-ton, sont dits *secondes mineures*.

82. — Ainsi l'octave entière est composée de douze demi-tons; et la gamme basée sur *do* ne comporte que des tons entiers et des demi-tons.

On la nomme *diatonique*; ce qui signifie qu'elle procède par tons et demi-tons, et jamais par d'autres distances moindres qu'un demi-ton, pareil à *mi-fa* ou *si-do*.

Tonique.

83. — La note la plus importante de la gamme trouvée est nécessairement le *do*, qui a servi de base aux autres. C'est probablement par cette raison que les Européens l'ont inscrite la première. D'autres peuples, les Grecs, et avant eux les Égyptiens, commençaient leur échelle par le *si*; les Chinois,

______

(1) Chaque trait qui sépare ici deux notes indique un demi-ton.

par *fa* (1). Des auteurs modernes ont proposé de commencer la gamme par *mi*, d'autres par *sol*.

Le *do* a prévalu dans notre système, parce que c'est le son principal, celui qui fixe le plus l'attention, et qui, presque dans la première minute, donne en grande partie l'impression du chant.

84. — Ce *do* et son octave qui en est l'écho prennent le nom de *tonique*, comme donnant le *ton* ou le degré d'élévation du son fondamental de l'air, d'après l'échelle ; c'est-à-dire que le *do* ayant sa place fixe sur la portée, je puis établir un chant avec la gamme, qui a pour chef cette tonique *do*, les six autres notes lui étant subordonnées.

85. — L'oreille a une prédilection particulière pour la note tonique. Les repos peuvent y être plus prolongés que sur les autres notes ; une partie de celles-ci semblent rendre les repos seulement suspensifs : on ne peut guère s'arrêter sur les autres que pour continuer immédiatement. Aussi est-ce par la tonique généralement que finissent les chants modernes. Il n'y a d'exceptions à cette règle que pour de vieilles ballades et des chants d'église, qui remontent à une haute antiquité.

86. — Le *do* nous a servi de base, et c'est la tonique ; mais on eût pu prendre également pour base un autre son, celui de *ré*, de *mi*, de *sol*, etc. (70). Dans ce cas, le degré d'élévation du son principal ayant changé, ce serait *ré*, *mi* ou *sol* qui serait la tonique, et l'on ne chanterait plus avec tous les sons de la gamme de *do*, mais avec ceux d'une autre plus élevée d'un degré, de deux ou de trois, et disposée comme celle de *do* (79), ainsi qu'on le verra par la suite.

(1) C'est-à-dire par le son de *fa* (ou de *si*), car les noms, qui au reste importent peu, étaient différens de ceux dont nous nous servons.

Ton majeur de DO.

87. — D'après cette définition de la tonique, un chant établi sur *do*, et autres notes de sa gamme, est dit dans le *ton majeur* de *do*, par la raison que sa première tierce, de *do* à *mi*, est *majeure*, c'est-à-dire de deux tons pleins, ce qui le distingue d'autres gammes dont la première tierce n'est que d'un ton et demi, comme de *ré* à *fa* : celle-ci se nomme tierce *mineure*.

88. — Le mot *ton*, ainsi qu'on a pu le remarquer, a deux significations différentes, savoir :

1° L'intervalle de deux demi-tons, d'un son à sa seconde majeure : de *do* à *ré*, de *fa* à *sol*, etc. ;

2° Le son même de la tonique qui sert de base à un chant. On dit : le ton de *ré*, le ton de *do*, de *mi* (1). Ici le mot *ton* embrasse l'ensemble de toutes les notes de la gamme basée sur la tonique, lesquelles diffèrent en partie, dès que le nom de la tonique change.

Dans ce cas, au lieu de ton de *do*, ton de *ré*, on ferait mieux de dire : gamme de *do*, de *ré*. L'usage ne le permet pas.

Dominante.

89. — Après la tonique, le son le plus remarquable et le plus utile est le cinquième. Cette note a reçu le nom de *dominante*, parce qu'elle revient souvent, que même quelquefois elle est plus employée que la tonique, à laquelle néanmoins elle reste toujours subordonnée.

(1) Voir note N.

D'autres pensent que le nom de dominante vient de ce que dans les trois notes principales (la première, la troisième et la cinquième), cette dernière est la plus élevée; qu'elle domine les deux autres.

90. — Dans la gamme de *do*, la dominante est *sol*. Quelquefois on la nomme *quinte*, par la raison qu'elle est la cinquième de la gamme (72).

Il faut remarquer que *toujours* elle est à trois tons et demi au-dessus de la tonique.

91. — C'est sur la dominante que se pratiquent les plus longs repos ou suspensions, après ceux de la tonique.

Médiante.

92. — Le son le plus notable qui vient ensuite, est la troisième note : en *do*, c'est le *mi*. On la nomme *médiante* comme tenant à peu près le milieu (*medium*) entre les deux principales, qui sont, comme on l'a vu, la tonique et la dominante.

Médiante ou tierce ont la même signification (72).

La médiante offre aussi un moyen de repos, mais moins long, moins prononcé que sur la dominante.

Sensible.

93. — La septième note (*si* en *do*) porte le nom de *sensible*, à cause de la difficulté de s'arrêter sur ce son, qui fait sentir la tonique, qui l'appelle en quelque sorte, et oblige presque toujours à la faire entendre immédiatement en montant la gamme.

Sous-Dominante.

94. — Une autre note importante c'est la quarte (*fa* dans la gamme de *do*). Elle prend le nom de *sous-dominante*, d'après la place qu'elle occupe.

95. — Le chant emploie cette note, à peu de chose près, aussi facilement que la dominante, et par cette raison, des auteurs l'ont classée après celle-ci, dans l'ordre de l'utilité.

Les repos ont presque également lieu sur la sous-dominante comme sur la dominante; ce sont les plus naturels et les plus longs, après celui de la tonique.

96. — En montant simplement la gamme, la voix est même portée naturellement à faire une légère pause sur la sous-dominante, comme pour se préparer à entonner la seconde moitié, qui se trouve disposée absolument de la même manière que la première.

Chacune de ces moitiés se nomme *tétracorde* (4 cordes). *Do, ré, mi, fa...., sol, la, si, do.*

Sus-Tonique et Sus-Dominante.

97. — Il ne reste plus à examiner que les propriétés de deux notes sur les sept : celles de la seconde et de la sixième; elles sont moins tranchantes, moins essentielles. Sous ce rapport, la sixte (*la* en *do*), est la première. Le chant s'y arrête assez souvent; on la nomme *sus-dominante.*

98. — L'autre (qui est *ré* en *do*), est dite *sus-tonique ;* elle peut être employée à préparer une suspension sur la tonique, et quelquefois la conclusion du chant.

Remarques sur la Sensible.

99. — La sensible est toujours à un demi-ton au-dessous de la tonique, quelle que soit la gamme. Cette sensible est donc utile pour reconnaître le ton du chant, de même que la tonique sert à trouver la sensible.

100. — On peut demander comment il se fait que *mi* (dans la gamme de *do*) ne soit pas sensible de *fa*, comme *si* l'est de *do*, puisque du *mi* au *fa* il n'y a aussi qu'un demi-ton.

Le motif est que le ton de *do* n'est pas déterminé par la sensible seule, mais bien par toutes les notes de la gamme, et notamment par les trois principales (tonique, médiante, dominante). Si *fa* était la tonique, et *mi* sa sensible, les autres notes ne seraient pas toutes les mêmes que dans la gamme de *do*. La dominante ne serait plus *sol*, et le *si*, qui, en *do*, est la sensible, n'existerait même plus, comme on le verra plus tard; un autre son prendrait la place du *si*.

101. — Il n'y a donc qu'une tonique et une sensible pour chaque gamme.

Octaves successives.

102. — Le son grave *do* ayant servi de base aux sept autres qui suivent en montant, il est facile de juger qu'en partant de son octave *do*, on peut élever au-dessus une autre gamme semblable à la première; par conséquent, les notes successives *ré*, *mi*, *fa*, *sol*, *la*, *si*, *do*, toutes plus aiguës que les sons correspondans de la première octave, seront la réplique de ceux-ci.

En effet, la corde entière qui aurait produit *ré* grave, donnerait par sa moitié le *ré* de l'octave supérieure. Il en est ainsi des notes suivantes : *mi*, *fa*, *sol*, etc. (60)

103. — Dans cette nouvelle gamme obtenue à l'aigu de la première, chaque note est la huitième note ou l'octave de celle qui, au-dessous, porte le même nom. Il faut seulement remarquer que l'on aura trois *do*, et que le plus élevé sera l'octave du précédent, et la double octave du plus grave.

104. — L'écriture de cette seconde octave suit la règle tracée pour la première. Le *do*, qui lui sert de base, est déjà écrit entre les troisième et quatrième lignes : le *ré* sera donc annoté sur la quatrième ; le *mi* au-dessus ; le *fa* sur la cinquième, et l'on continuera ainsi, en ajoutant à la portée de petites lignes supplémentaires, jusqu'au *do* suraigu, qui en prend deux. (Figure 8).

105. — Sur le troisième *do*, je puis de même établir une autre octave, qui ne différera en rien des deux premières, si ce n'est en élévation des sons et de la place occupée par les notes, qui toutes exigeront des lignes supplémentaires. (Figure 9).

106. — Il est évident que l'on a la même faculté d'établir une ou plusieurs autres octaves, en descendant au-dessous du premier *do* grave trouvé. Chaque nouveau son, dans ce cas, est la réplique du son correspondant de la gamme supérieure, et par conséquent son octave inférieure. (Figure 10).

107. — Ces diverses octaves, superposées les unes aux autres, forment une longue série de sons qui se répètent chacun, comme on le voit, d'octave en octave, du grave à l'aigu, et qui pourraient s'écrire sans interruption.

Echelle générale.

108. — Le nombre des octaves n'est donc limité que par les bornes qu'a posées la nature à la faculté de percevoir les sons, tant au grave qu'à l'aigu ; de même qu'elle n'a pas voulu que le rayon visuel pût distinguer des objets situés à un horizon trop éloigné.

Quel est le nombre des octaves perceptibles par l'oreille ? Cette question se présente naturellement. La réponse est qu'il y en a huit à peu près, dont sept sont utilisées de nos jours. Pour le démontrer, quelques détails sont nécessaires.

109. — Pour obtenir un son, il faut qu'un corps sonore, une corde, par exemple, soit mise en vibration ; si elle est très-longue ou très-grosse, elle vibrera lentement, et ne donnera que très-peu ou point de son. Vingt ou vingt-cinq vibrations par seconde ne seront pas suffisantes pour que l'oreille saisisse le son ; le plus grave est à peine perceptible à trente-deux.

110. — Par la raison opposée, une corde extrêmement courte, quoique très-fine, n'a plus de vibrations sensibles. D'après des expériences et des calculs qui paraissent certains, il a été reconnu que le son échappe à l'oreille, lorsque la corde fait huit mille vibrations dans une seconde.

Les limites des sons se trouvent donc entre 32 et 8,000 (1).

111. — Ces mêmes observations sont applicables aux tuyaux d'orgue et aux autres instrumens à vent. Ils ne résonnent plus quand ils sont trop longs ou trop courts. Le son le plus grave

______

(1) Voir note O.

de l'échelle est pour l'orgue celui d'un tuyau de 32 pieds, ouvert à ses deux extrémités.

142. — Cette étendue, entre 32 vibrations et 8,000, donne presque 8 octaves ; ce qui est facile à prouver.

On sait que la moitié d'une corde donne exactement le double des vibrations de la corde entière, et que le son de cette moitié est l'octave supérieure du son de la corde entière (art. 19). Il suffit donc de doubler 8 fois le nombre 32 , qui est celui des vibrations du son le plus grave. Si je nomme ce son *do*, j'aurai pour son octave le nombre 64 (double de 32); puis un 3e *do* avec le nombre 128 , et ainsi de suite jusqu'au 9e *do*, qui, en complétant les 8 octaves, se trouverait le produit de 8,192 vibrations. Or, si le son le plus aigu n'est perceptible qu'au nombre de 8,000, il s'ensuit que l'échelle générale n'atteint pas tout à fait 8 octaves.

La différence est extrêmement petite , car si le son le plus grave était entendu à 31 vibrations et $\frac{1}{4}$, au lieu de 32 , on aurait juste 8,000 pour la 8e octave , en doublant 8 fois $31 - \frac{1}{4}$. (1)

On compte donc 8 octaves.

113. — La plupart des instrumens sont bornés chacun à un petit nombre d'octaves, les uns dans les sons graves, les autres dans le médium ou dans les sons aigus. Ceux employés à l'orchestre peuvent atteindre ensemble un peu plus de 7 octaves.

Le piano seul a l'avantage immense de faire entendre jusqu'à 7 octaves ; les harpes en donnent ordinairement 6.

Quant aux voix diverses, elles n'embrassent *ensemble* que de 3 à 4 octaves, ainsi qu'on le verra plus tard.

(1) Voir note P.

114. — En résumé, l'échelle générale pour les voix et pour les instrumens connus, peut être considérée comme composée de 8 échelles partielles de *7* sons principaux chacune. Mais les sons extrêmes au grave, ainsi qu'à l'aigu, ne pouvant guère être discernés, on n'écrit généralement que pour 7 octaves.

Accord parfait majeur.

115. — Les trois notes principales, *tonique*, *médiante* et *dominante* (ou *do*, *mi*, *sol*, dans la gamme *naturelle*), forment ce qu'on nomme *accord parfait*, parce que, entendues ensemble, leur union est parfaitement agréable à l'oreille. D'autres sons que *mi* et *sol*, joints à la tonique *do*, ne pourraient offrir un ensemble plus naturel, plus simple, quoique l'art en ait créé d'aussi flatteurs.

116. — La cause physique n'en est pas bien connue; on l'attribue généralement à la résonnance multiple de tout corps sonore : lorsqu'il est grave, il fait entendre seul ces trois sons beaucoup plus distinctement que plusieurs autres qui se mêlent aussi au son principal ; car une corde frappée ne rend pas un son unique ; elle fait entendre, outre le son principal, celui de ses deux octaves supérieures, plus dans les sons élevés, deux autres, qui sont les octaves de la dominante et de la médiante, et encore un assez grand nombre d'autres sons peu perceptibles ; on les nomme *harmoniques*. (1)

117. — En donnant la même force aux sons de 3 cordes produisant la tonique, la médiante et la dominante, on obtient l'accord parfait, dont le corps sonore paraît être le type.

(1) Voir note Q.

118. — La tonique *do* sert de base à cet accord ; par cette raison, on l'appelle *accord de tonique ;* il conserve même cette dénomination, lorsque *mi* ou *sol* se trouve la note la plus grave. Dans ce cas, on dit qu'il y a *renversement* de l'accord de tonique.

119. — Il est essentiel de remarquer que ces trois notes *do, mi, sol,* sont superposées de tierce en tierce. *Do mi,* forment une tierce majeure ; *mi sol,* une tierce mineure.

120. — Cet accord est dit majeur, parce que la première tierce *do mi* est de deux tons. On a vu (87) que cette même tierce donne aussi à la gamme le nom de majeure.

121. — Les trois notes frappées ensemble forment un accord *plaqué.* Si on les entend l'une après l'autre, c'est un *arpége* (1), effet de notes d'un même accord, liées successivement et avec rapidité.

122. — A ces trois notes on joint ordinairement l'octave de la tonique, ce qui ne change point le nom d'accord parfait. L'octave y ajoute seulement un degré d'énergie de plus. Il en serait de même si l'on y joignait les octaves de la médiante et de la dominante, parce que toute note et son octave ne forment qu'un même son, répété comme par écho. (Figure 11.)

123. — Il est facile de juger que le très grand nombre de sons rendus, tant par les voix que par les instrumens graves et aigus, eût exigé, au-dessus et au dessous de la portée, une infinité de lignes supplémentaires, si l'on n'avait trouvé le moyen d'obvier à cet inconvénient. Sans cela, l'œil n'eût pu

—————

(1) *Arpege* vient de *arpa* (harpe), instrument qui en fait souvent usage.

procurer que très-difficilement la possibilité de lire rapidement la musique, faculté qu'il est essentiel d'acquérir.

Son fixe.

124. — Avant de décrire le procédé suivi pour diminuer le nombre de ces lignes supplémentaires, il convient de remarquer que jusqu'ici nous avons supposé une suite de sons dont l'élévation positive n'a point été fixée. En effet, le son *do*, qui nous a servi de base, a été choisi arbitrairement (70); tout autre eût donc pu le remplacer.

Il s'ensuit que pour déterminer le degré d'élévation de chaque son, il a fallu en choisir un dans toute la hiérarchie, le supposer fixe et invariable, afin que tous les autres pussent se ranger à leur place, soit au-dessous soit au-dessus.

125. — Le son que les Français ont adopté pour point de départ, pour *son fixe*, est le *la*, qui occupe à peu près le milieu de l'échelle générale. C'est le quatrième *la* du piano, en partant du grave, et celui que nous avons écrit provisoirement entre les deuxième et troisième lignes (1).

Diapason.

126. — Pour que ce son de *la* fût le même dans toutes les localités, comme aussi pour partir d'une base dans la fabrication des instrumens, et obtenir de tous le même son de *la*, de *si*, de *do*, on a construit un petit instrument en acier, recourbé comme un fer à cheval, très-allongé, lequel se nomme

(1) Voir note R.

diapason (1). Ses deux branches mises en vibration, donnent ce son de *la*, qu'il est important de se fixer dans la mémoire.

127. — Les voix et les instrumens s'accordent sur ce son, qui sert de point de départ, avant de commencer un morceau de musique. Dès lors, chaque exécutant ayant ce son présent à l'oreille, ou le trouvant fixé par son instrumeut, y rapporte tous les autres, de manière que ceux-ci se trouvent également occuper une place certaine (2).

128. — On voit que les sept octaves dont on fait usage auront chacune des sons qui, une fois écrits sur la portée, ne peuvent plus varier (3). Il ne s'agit que de les rendre faciles à lire, en ne les éloignant que le moins possible des cinq lignes primitives. C'est ce que l'on a obtenu sans peine pour les voix, par les *clefs* de la musique ; mais les instrumens ayant beaucoup plus d'étendue, n'en sont pas moins obligés d'employer un assez grand nombre de lignes supplémentaires, tout en s'aidant des divers signes destinés aux voix humaines.

Voici le procédé qui a pu être suivi :

Des Clefs.

129. — Dans le principe, on n'écrivit guère la musique que pour les voix, et l'on voulut limiter sur la portée tous les *sons pleins* que peut rendre une seule voix. On a vu que ce nombre n'est généralement que de onze pour chacune (50).

(1) Cet instrument est le plus répandu. Il y en a d'autres de différentes formes.
(2) Voir note S.
(3) Voir note T.

130. — Il y a des voix d'hommes qui sont très-graves. Elles forment une première classe générale.

D'autres voix d'hommes moyennes ou moins graves; c'est la deuxième classe.

Puis des voix élevées, celles des femmes et des enfans; troisième grande classe.

131. — Chacune de ces classes principales a besoin d'une portée particulière, afin que les notes qu'elle doit lire s'écartent très-peu des cinq lignes de cette portée. Il a suffi pour distinguer ces voix de placer un signe différent en tête du morceau de musique ou au commencement de chaque portée. Ces signes se nomment *clefs*.

Pour opérer la division des voix, on a examiné à quelle note pouvait aisément descendre la première classe, puis la seconde, à partir du *la* donné par le diapason ; et pour la troisième, à quelle note elle pouvait monter.

Clef de FA (voix de basse).

132. — En descendant de deux octaves et un peu plus, au-dessous du diapason, on a trouvé que le son *plein* le plus grave que donne un homme est le *fa* (le troisième au-dessous du *la* diapason). Ce *fa* a été placé immédiatement au-dessous des cinq lignes, afin de pouvoir écrire au-dessus les dix sons que peut rendre cette voix, laquelle a été nommée *basse*, autrefois *basse-taille* (1).

133. — Pour rappeler que cette note est un *fa*, et que la portée où elle est écrite est destinée aux voix graves, on a in-

____

(1) Voir note U.

venté le signe ℈ qui devrait figurer vis-à-vis la note même, au-dessous des cinq lignes. L'octave au-dessus présentant le même résultat, on est convenu de l'écrire sur la quatrième ligne, où se trouve le *fa* octave.

134. — Ainsi, le *fa* de la basse étant au-dessous des cinq lignes, le *sol* qui suit en montant sera sur la première; le *la* entre la première et la seconde ; ainsi de suite, jusqu'au *si* octave qui excédera les cinq lignes. (Figure 12.)

Par ce moyen, la basse a toute facilité pour lire sur la portée les onze sons pleins de sa voix.

135. — Observez que les notes ne portent plus, avec cette clef de *fa*, le même nom que chacune avait à telle ou telle place, lorsque nous les avions provisoirement écrites sans clef (66).

Clef de DO (voix de tenor).

136. — La voix moyenne des hommes ne descend qu'au *do* (le deuxième au-dessous du diapason). Ce *do* est la quinte au-dessus du *fa* grave de la basse. On a nommé *tenor* ce genre de voix.

137. — En plaçant ce *do* grave au-dessous de la première ligne, comme on l'a fait pour la clef de *fa* (et par la même raison), il a fallu indiquer par un nouveau signe que la musique était écrite pour un tenor. Ce signe, ainsi figuré, ▤ se nomme clef de *do*, et donne ce nom à la note inférieure à la portée et à celle inscrite sur la quatrième ligne, où est apposée la clef.

138. — D'après cette indication, le *ré* sera sur la première ligne; le *mi* entre la première et la seconde, etc., jusqu'au *fa*

octave, qui, étant le son le plus élevé de cette voix, se trouve au-dessus de la cinquième ligne: (Figure 13.)

139. — Remarquez que les noms des notes ont encore changé sur chaque ligne de la portée, et que la voix peut lire sans ligne supplémentaire les onze sons pleins qui forment son étendue.

Clef de SOL (voix de soprano).

140. — Les voix de *basse* et de *tenor* étant graves, l'important était de connaître les sons les plus bas où elles pouvaient descendre. Ce doit être l'inverse pour les voix élevées : on a dû chercher quel était le *son plein* le plus aigu que pouvait rendre une voix de femme, ayant le timbre dans les sons élevés : on la nomme *soprano*, qui signifie *dessus*.

141. — En comparant ce son au diapason, on a trouvé que c'était un *sol* à six degrés au-dessus du *la* diapason; alors on a placé cette note élevée, *sol*, au-dessus des cinq lignes, et pour en rappeler le nom, le signe   a été créé et nommé clef de *sol*.

Ce signe, ainsi que les deux précédens, eût pu s'écrire vis-à-vis la note même qui lui donne son nom. Le *sol* à l'octave inférieure pouvant en tenir lieu, c'est sur la deuxième ligne qu'a été posée la clef. (Figure 14.).

142. Il suit de la place du *sol* aigu, qu'en descendant la gamme, le *fa* se trouve sur la cinquième ligne ; le *mi* entre la cinquième et la quatrième, etc. La onzième note, qui sera la plus grave, est le *ré*, au-dessous de la première ligne.

143. — La note *sol* est la quinte au-dessus de *do* (clef de tenor), de même que *do* est la quinte de *fa* (clef de la basse).

Ainsi les trois clefs sont à la quinte l'une de l'autre.

144. — C'est d'après cette clef de *sol*, qui est la plus usitée, parce qu'elle retrace les chants les plus élevés, que nous avons écrit, en commençant, les sons de la gamme de *do* (1).

Étendue totale des Voix.

145. — Ces trois voix principales forment, du grave à l'aigu, l'étendue totale des sons *pleins* des diverses voix humaines.

146. — On juge qu'il en est un asssez grand nombre qui, par l'étude ou leur organisation, peuvent dépasser ces limites : des basses-contre admirables descendent bien au-dessous du *fa*. Des soprani d'une pureté parfaite montent, de nos jours, à plusieurs degrés au-dessus du *sol* ; quelques voix privilégiées de femmes donnent, avec des sons égaux, purs et vibrans, jusqu'à deux octaves et demie et même plus. Des chanteurs et cantatrices célèbres, doués de ces précieuses facultes, sont cités comme ayant recueilli des fortunes colossales. On emploie pour ces voix rares des lignes supplémentaires.

147. — Quant à celles ordinaires comprises dans les trois classes principales, chacune étant censée ne donner qu'onze sons pleins, il est facile, en partant du *fa* inférieur de la basse, et en s'arrêtant au *sol* supérieur du soprano, d'établir l'échelle des trois clefs et de saisir les rapports de ces voix qui, ensemble, n'embrassent que vingt-trois sons ou trois octaves, plus une note. (Figure 15.)

(1) Voir note V.

148. — On voit, par la *fig*. 15 , que la basse et le tenor ont sept notes communes , de *do* à *si*, dans les sons graves ; mais que le tenor ne peut descendre aux quatre plus basses , *si*, *la*, *sol*, *fa*.

Par compensation , le tenor a quatre sons plus élevés que la basse , et qui sont *do*, *ré*, *mi*, *fa* , dont les trois derniers en commun avec le soprano.

149. — Il faut remarquer encore que le diapason est au-dessus de la portée des voix de basse et de tenor. Celles-ci , par conséquent, ne peuvent prendre en sons pleins l'accord à l'unisson du *la* ; elles donnent l'octave inférieure.

Les instrumens qui remplissent les parties de basse se trouvent pour la plupart dans le même cas ; ils emploient le même moyen pour s'accorder.

150. — Il est très-important de bien connaître la nomenclature et le rapport de ces trois voix principales , dont chacune se subdivise en plusieurs autres classes, qui seront décrites plus tard.

Octaves égales entre elles.

151. — Toutes les octaves successives étant absolument pareilles les unes aux autres , il suffit d'être pénétré des propriétés d'une seule pour appliquer à chacune le même raisonnement.

Ainsi les dénominations de tonique , de dominante , médiante , sensible , etc., et celles de seconde , tierce , quinte , octave , à partir de la tonique , appartiennent à chaque octave.

Degrés conjoints ou disjoints.

152. — On nomme degrés *conjoints* les notes qui se suivent immédiatement, comme *do*, *ré*, ou *sol*, *la*. Ainsi en chantant la gamme *do*, *ré*, *mi*, *fa*, *sol*, etc., on monte par degrés conjoints. On la descend de même, en proférant les sons de l'aigu au grave.

153. — Les degrés *disjoints* sont ceux où d'une note on passe à une autre plus élevée ou plus basse qu'une seconde, sans proférer celles intermédiaires ; par exemple, *do*, *mi* ou *do*, *sol*; *mi*, *sol* en montant ; ou bien en descendant, *sol*, *re* ; *sol*, *do*, etc. Cet effet de deux notes proférées successivement, forme ce qu'on appelle intervalle.

Intervalles.

154. — L'intervalle est la différence d'un son à un autre plus élevé, ou l'espace que le plus grave aurait à franchir pour atteindre l'unisson du plus aigu.

Il a été naturel de désigner les intervalles par les dénominations déjà connues, de seconde, tierce, quarte, etc., et de continuer ainsi au-delà même de l'étendue d'une seule octave. Par conséquent, les intervalles comptent en nombre autant de degrés qu'il y a de notes naturelles, y compris celle de départ et celle d'arrivée.

Il y a donc intervalle de deux degrés ou de seconde de *do* à *ré*, de la même octave ;

De tierce, de *do* à *mi* (trois notes, *do*, *ré*, *mi*.)

De quinte, de *do* à *sol* (cinq notes.)

D'octave, de *do* à *do* supérieur ;

De neuvième, de *do* à *ré*, octave supérieure ;

De douzième, de *do* à *sol*, *idem*.

De dix-septième, de *do* à *mi*, troisième octave.

D'après la même définition, on peut partir d'une autre note que de la tonique, et dire qu'il y a intervalle :

De seconde, de *re* à *mi* ou de *sol* à *la* ;

De quarte, de *sol* à *do*, etc.

Le motif en prenant *sol*, *do* pour exemple est qu'en proférant ces deux sons, j'ai monté de *sol* à *do*, qui en est la quarte, en franchissant les deux intermédiaires *la*, *si*, qui ne se prononcent point.

155. — On dit aussi, par analogie, descendre de seconde, de quarte, de septième, de dixième, etc. ; mais en énonçant que l'intervalle est pris en *descendant*, parce que le mot *intervalle* employé seul signifie que c'est en montant.

Complémens, Renversemens.

156. — De *do*, si je monte au *sol*, puis de *sol* au *do* octave, j'aurai franchi deux intervalles ; le premier, de quinte, *do*, *sol* ; le deuxième, de quarte, *sol*, *do*. Ces deux intervalles qui embrassent l'octave sont dits *complémens* l'un de l'autre, parce qu'ils complètent l'octave.

Le complément est donc ce qui manque à un intervalle pour compléter l'octave en montant.

Ainsi *do*, *ré* a pour complément *ré*, *do*, octave ;

Sol, *mi* a pour complément *mi*, *sol*, octave.

157. — Mais en descendant, l'intervalle qui complète l'octave, se nomme *renversement*.

La quarte *sol do* a pour renversement la quinte *sol do* en descendant ;

La seconde *si do*, a pour renversement la septième *si do*.

158. — Les complémens et renversemens sont utiles, entre autres propriétés, pour faciliter les moyens de trouver les intervalles en chantant. Un son et son octave se présentent assez naturellement à l'oreille, lorsqu'elle y est exercée. En divisant cette octave en deux parties, *do sol* et *sol do*, octave, je dois sans peine, lorsque je suis arrivé à *sol*, trouver le *do* octave, que je suppose présent à l'oreille. Alors j'ai franchi de *sol* à *do* un intervalle de quarte, qui est un peu moins facile que celui de quinte ou d'octave.

De même, soit *do mi* et *mi do*, octave, ce dernier est une sixte que l'on ne saisit pas sans peine dans les commencemens.

159. — L'inverse a lieu dans les renversemens, lorsque la voix cherche l'octave grave du son d'où elle est partie. Descendez de *sol* à *mi*, puis à *sol* grave, l'intervalle *mi sol*, en descendant, est une sixte.

Solféges.

160. — Les divers exercices d'après lesquels la voix doit franchir des intervalles, en montant ou en descendant, se trouvent réunis dans des ouvrages que l'on nomme *solféges*, du mot *solfier* (1). C'est l'action de proférer le nom des notes écrites et d'exprimer en même temps le son exact de chacune

(1) *Solfier* vient de *sol*, *fa*, première et dernière notes de l'échelle de Guido, en 1024.

d'elles. Ce travail est essentiel, *indispensable pour tous,* et d'une difficulté réelle. On parvient à la vaincre par des études bien dirigées, et continuées jusqu'à ce que l'élève soit parfaitement sûr de ses intonations, ce qui est la chose la plus importante.

Alors, s'il a de la voix, il doit se livrer à l'étude du *chant,* qui, comme suite du solfége, exige une méthode spéciale. Si sa voix est dépourvue d'un timbre agréable, il n'aura point pour cela perdu son temps au solfége; il se sèra formé l'oreille, il saura lire la musique, et alors il pourra s'occuper, avec l'espoir d'un succès rapide, de l'étude de l'instrument qui conviendra le mieux à ses dispositions. Le piano est celui de tous qui forme les meilleurs musiciens; la harpe ensuite, la guitare, le violoncelle, l'alto, le violon, parce que ces instrumens permettent de former des accords, tandis que ceux à vent ne peuvent donner qu'un seul son à la fois.

De la Mesure.

161. — On a écrit les sons de manière à faire reconnaître au premier coup-d'œil le degré d'élévation de chacun. Si tous avaient la même durée, un seul signe eût suffi pour les représenter tous. Mais on juge qu'un chant ainsi tracé serait d'une uniformité, d'une monotomie insupportables. Il a donc fallu prolonger quelques sons, en accélérer d'autres plus ou moins, les mélanger, et par la variété, intéresser l'oreille et soutenir l'attention.

Dès que les sons doivent avoir des durées inégales, les notes qui les représentent doivent être modifiées autant de fois que ces durées varient.

162. — Pour y parvenir, on aura remarqué d'abord que

l'espace de temps écoulé pendant un chant tout entier (pendant deux minutes, par exemple), se divisait naturellement en petits instans égaux, de quatre secondes, de trois, de deux, etc.

On aura vu aussi que pendant chacun de ces petits instans, le chant faisait entendre tantôt un seul son, tantôt deux, trois, quelquefois quatre, six ou plus ; enfin, que les uns étaient longs ou modérés, les autres brefs ou précipités.

163. — Pour écrire tous ces groupes partiels de notes qui remplissent chaque petit instant, on a dû trouver tout simple de les isoler, et c'est ce qu'on a fait en les séparant par des lignes perpendiculaires, dites *barres de mesure*. Il a été facile ensuite d'appliquer à chaque note un signe indiquant la durée relative du son qu'elle représente.

Ainsi une *mesure* est renfermée entre deux barres, et chaque mesure doit être exécutée dans un même laps de temps, quel que soit le nombre des notes. (Fig. 16.)

164. — La mesure est donc la division du temps en intervalles égaux ; c'est un besoin, en musique, comme dans une infinité d'autres circonstances. Les jours ne sont-ils pas divisés en heures, en quarts-d'heure, en minutes? Qui ne sait que dans tous les pays, chez les sauvages comme chez les nations civilisées, on remarque dans les chants des divisions égales de temps, qui se répètent jusqu'à la fin? La danse, qui est de tous les pays, nécessite des airs et des mouvemens mesurés ; on ne saurait guère concevoir une danse sans chant (de la voix ou des instrumens), ni par conséquent un chant de danse sans mesure. Tout autre morceau est dans le même cas ; il doit être divisé par une mesure, soit lente, modérée ou rapide, et constamment soutenue pendant la durée du même chant.

165. — Cette nécessité est sur-tout sentie depuis l'emploi de l'harmonie, qui, en réunissant plusieurs voix ou instru-mens (dont les uns font une note, tandis que les autres en font deux, trois, quatre, etc.), oblige chacun d'eux à se re-trouver avec les autres à chaque instant, et à fondre, en quel-que sorte, dans une unité obligée, des sons divers, disposés pour se rencontrer. Si l'un d'eux, destiné à former accord, est en retard ou en avant, l'ensemble est détruit; il n'a plus de sens pour l'oreille; elle en est choquée, et l'attention cesse promptement.

166. — Il est donc d'une nécessité absolue d'observer exactement les mesures, c'est-à-dire de les rendre toutes égales à l'exécution, et de se retrouver, quand il y a lieu, avec les autres instrumens, au commencement de chaque mesure. Bien plus, il faut savoir partager chacune d'elles en d'autres pe-tites parties égales, en deux, en trois ou en quatre, suivant les indications que donne la valeur des notes, ainsi qu'on va l'expliquer.

Valeur des Notes.

167. — La valeur d'une note est l'espace de temps pen-dant lequel on doit faire entendre le son écrit. (1)

Ce laps de temps dépend de celui consacré à chaque me-sure. Si elle est lente, la note sera prolongée; si la mesure est plus brève de moitié, cette même note passera moitié plus vite que dans le premier cas. Ce principe va s'éclaircir par des exemples.

____

(1) Voir note X.

168. — Supposons que chaque mesure soit de quatre secondes (ou de quatre battemens du pouls). En soutenant pendant ces quatre secondes le son écrit *do* (ou tout autre), la mesure entière sera remplie par une seule note, puisque je ne dois faire entendre qu'un seul son. Cette note ayant la forme d'un zéro est nommée *ronde*. (Figure 17.)

169. — Si, pendant deux secondes, je dois proférer *do*, puis *ré* (ou autre son) pendant les deux secondes suivantes, la mesure sera encore de quatre secondes. Les signes de ces deux notes devront différer de la ronde. J'écrirai *do* et *ré* avec un *O* et une ligne perpendiculaire ou queue. (Figure 18.)

Ces deux notes se nomment *blanches*, et chacune égale évidemment la moitié de la ronde. Donc aussi la ronde vaut deux blanches.

170. — En donnant à chaque son la durée d'une seconde, *do*, *si*, *la*, *sol*, par exemple, rempliront la mesure. La tête de chaque note sera noire, avec une queue; elle prendra le nom de *noire*, et vaudra le quart de la ronde, ou la moitié d'une blanche. (Figure 19.)

Ainsi, la blanche égale deux noires.

171. — Le raisonnement sera le même pour huit notes à la mesure, lesquelles sont dites *croches*, parce qu'au bout de la queue d'une noire isolée, on ajoute un petit crochet. Chaque croche est le 8e de la ronde, et durerait, par conséquent, une demi-seconde. (Figure 20.)

Viennent ensuite les *doubles-croches*, dont seize égalent la ronde, ou dont deux valent une croche. (Figure 21.) (1)

Puis trente-deux *triples-croches*. (Figure 22.)

(1) Voir note Y.

Et enfin soixante-quatre *quadruples-croches*. (Figure 23.)

En récapitulant, on voit que la *ronde* égale 2 blanches
ou   4 noires,

8 croches,

16 doubles-chroches,

32 triples-croches,

ou 64 quadruples-croches.

Ces diverses notes, en partie, pourraient entrer dans une même mesure, de manière, toutefois, que la valeur de la ronde ne fût pas dépassée.

172. — Les croches, doubles-croches, etc., sont ordinairement réunies plusieurs ensemble, par un trait oblique aux lignes de la portée, lequel est simple, si ce sont des croches; double, triple, etc., suivant la valeur des notes. (Figure 20 et suiv.)

173. — Maintenant, si la mesure ne doit durer que deux secondes, au lieu de quatre, il est évident que la ronde ne sera soutenue que pendant deux secondes, c'est-à-dire moitié moins long-temps que pour la mesure précédente.

Donc aussi la blanche n'emploiera qu'une seconde; la noire une demi-seconde; ainsi de suite pour la croche, et autres.

174. — Enfin, quelle que soit là durée de la mesure, la valeur de la ronde doit s'y conformer, et celle-ci détermine la valeur des autres notes qui en dérivent, comme subdivisions.

175. — Cette règle ne varie point, lors même que la mesure entière ne contient pas une ronde, mais seulement une partie de cette ronde. Par exemple, si la mesure n'est composée que d'une blanche (ou deux noires), la ronde sera exclue du morceau, parce qu'elle prendrait deux mesures à elle

seule ; mais alors la noire formera la moitié de la mesure ; la croche vaudra le quart ; la double croche le 8ᵉ.

176. — La ronde vaut quatre noires. Si l'on en prend trois pour une mesure qui durerait trois secondes, chaque noire vaudra évidemment une seconde, chaque croche une demi-seconde, comme dans le premier exemple cité (170).

Notes pointées.

177. — Outre les différentes valeurs des notes, suivant l'indication qui précède, on a éprouvé le besoin de prolonger un son, moitié en sus de la valeur exprimée. Un point placé à la suite de la note suffit pour indiquer ce prolongement.

178. — Ainsi, une blanche pointée égale une blanche et demie, c'est-à-dire une blanche et une noire, ou trois noires. Il est clair que l'on ne profère qu'un seul son prolongé. (Figure 24.)

De même, une noire pointée égalera une noire et une croche ou trois croches.

Et une croche pointée, trois doubles croches.

Quelquefois, le point est porté à la mesure suivante ; alors le son se prolonge sur le commencement de cette mesure.

179. — Si l'on voulait prolonger encore un peu plus le son, on ajouterait un second point, lequel vaudrait la moitié du premier.

180. — Une blanche pointée deux fois égale donc une blanche, une noire et une croche.

Une noire pointée doublement vaut une noire, une croche et une double-croche.

Il en est ainsi des autres notes. (Figure 25.) (1)

Triolets.

181. — Les points prolongent le son, ainsi qu'on vient de le voir. Par la raison opposée, on a voulu en raccourcir la durée. J'ai par exemple deux noires *do*, *mi*, que je devrais exprimer dans l'espace d'une seconde. Si pour embellir le chant ou pour tout autre motif, on y intercalle un *ré*, les trois noires *do*, *ré*, *mi* n'en devront pas moins être exécutées dans une seconde, comme s'il n'y en avait que deux ; les notes *do* et *mi* auront donc une durée moindre que si elles étaient restées seules.

Même raisonnement pour trois croches au lieu de deux ; pour trois doubles-croches en place de deux, etc.

182. — Ces trois notes se nomment *triolet ;* on les indique par un petit 3, qui signifie trois pour deux, et annonce, par conséquent, qu'elles doivent être exprimées dans le laps de temps assigné pour deux. (Figure 26.)

183. — Quelquefois, les triolets ne sont pas figurés par des notes égales, mais par une noire et une croche. Le chiffre 3 les fait reconnaître suffisamment. (Figure 27.)

184. — S'il y avait six notes en doubles-croches pour tenir la place de quatre, on trouverait un 6 écrit au lieu d'un 3. Les Italiens nomment *sestin* ces six notes réunies.

185. — Observation analogue pour cinq notes tenant lieu

(1) Voir des exemples dans un solfége. Celui de M. A. Garaudé, 6°. édition, n. 78 à 87 et 129.

de quatre, de neuf pour huit, de dix pour huit ; ces derniers cas sont fort rares. (Figure 28.)

186. — Souvent il arrive que les chiffres 3, 6, 5 sont omis. La composition de la mesure permet de s'en apercevoir.

En résumé, l'exécution est accélérée, suivant le besoin, dans ces différens cas, comme pour un triolet, attendu qu'en thèse générale la durée du laps de temps voulu doit être rigoureusement observée.

Temps de la Mesure.

187. — De tout ce qui précède, on doit conclure,

1° Qu'il y a des mesures lentes, modérées ou vives, qui peuvent être exprimées par des notes portant les mêmes signes, mais qui n'ont pas la même durée, parce qu'elle n'est que relative.

Ces durées diverses sont énoncées par des mots, comme *adagio*, *andante*, *allegro*, *presto* et autres, qui seront indiqués plus tard ;

2° Qu'il y a des mesures divisibles en quatre parties égales, que l'on nomme *temps* de la mesure ; d'autres qui se partagent en deux temps, et enfin d'autres en trois.

Les deux premières classes, pouvant être divisées chacune par *deux*, sont dites *mesures binaires.*

Les dernières sont des mesures *ternaires.*

Mesures binaires.

188. — La mesure composée d'une ronde peut se diviser,
1° En deux blanches ou deux temps ;
2° En quatre noires, qui forment quatre temps.

Le premier cas est pour un mouvement modéré; le second est plus lent.

189. — S'il est nécessaire de s'attacher scrupuleusement à la mesure (166), il ne l'est pas moins de savoir bien partager les temps qui la composent. Puisqu'ils sont égaux entre eux, il faut s'exercer à les diviser également.

Pour cela, il importe de les marquer tous avec la main (ou mieux avec le pied, enfin de conserver les mains libres pour les instrumens.) Ayez soin, sur-tout, de ne pas rester plus long-temps sur un temps que sur l'autre (1).

190. — On y parvient, pour une mesure à deux temps,

1° En abaissant la main (ou le pied), au moment où l'on fait entendre la première note de chaque mesure ; c'est le premier temps.

2° En l'élevant vivement au milieu de la mesure, 2ᵉ temps. (Figure 29.)

191. — Cette mesure à deux temps, composée d'une ronde ou sa valeur, s'écrit par un ₵ *barré* ou un 2 au commencement du morceau de musique, sur la portée, immédiatement avant la première note. (Figure 32.)

192. — Pour une mesure à quatre temps,

1° Marquez le 1ᵉʳ temps comme ci-dessus ;

2° Le 2ᵉ temps, en portant rapidement la main à gauche ;

3° Le 3ᵉ, en la portant vivement à droite ;

4° Le 4ᵉ, en l'élevant. (Figure 30.)

On écrit cette mesure par un C ou un 4. (Figure 33.)

____

(1) Il est essentiel que l'œil distingue de suite le commencement de chaque temps, afin d'y arriver à point nommé, ainsi qu'on arrive à la barre de mesure avec les autres instrumens. Sans cela, l'harmonie serait détruite dans le courant de la mesure.

Toutes les mesures à quatre temps òu à deux temps se marquent comme ci-dessus.

193. — Lorsque le chant exige moins de gravité que ne le comporte la valeur d'une ronde, pour la mesure entière, on ne prend qu'une partie de cette ronde. (175.)

194. — Ainsi, la ronde se divisant en quatre noires, je puis en prendre deux pour la mesure, laquelle s'écrit $2/4$. Cette fraction indique, par le chiffre inférieur 4, que la ronde est divisée en quatre parties; et par le chiffre supérieur 2, que l'on prend deux de ces parties pour la mesure. (Figure 34.)

Remarquons encore que l'on peut prendre la moitié de ce chiffre 2, ce qui détermine la mesure binaire ou à deux temps.

195. — La ronde pouvant aussi se diviser en huit croches, on en prend *six* pour la mesure qui s'écrit $6/8$; et comme le 6 peut se diviser en deux parties égales, cette mesure se bat aussi en deux temps, trois croches pour chacun. (Figure 35) (1).

196. — La mesure à $12/8$ est le double de celle à $6/8$; elle pourrait se battre à deux temps, puisqu'on peut prendre la moitié du numérateur 12; mais comme il y a ordinairement beaucoup de notes dans la mesure, il est préférable de la battre à quatre temps, trois croches pour chaque. (Figure 36.)

197. — Rarement on trouve la mesure à $12/4$, c'est-à-dire douze noires. On la marque à quatre temps comme celle à $12/8$. (Figure 37.)

____

(1) Pour toutes ces mesurés, voir des exemples dans un sol fége.

Mesures ternaires.

198. — En prenant pour la mesure trois noires qui forment és $3/4$ d'une ronde, on écrit un 3 sur la portée, ou même la fraction $3/4$. Et comme le chiffre 3 ne peut se diviser qu'en trois parties égales, la mesure se marque en trois temps. (Fig. 38.)

Au 1er, on abaissse la main;

Au 2e, on la porte à droite;

Au 3e, on la lève. (Figure 31.)

199. — Si, pour la mesure, on prend trois croches, qui donnent les $3/8^{mes}$ d'une ronde, la mesure est indiquée par cette même fraction, et se marque comme la précédente. (Figure 39.)

200. — Quelquefois cette mesure $3/8$, et même celle à $3/4$, sont si rapides, comme dans la valse et quelques menuets, qu'il est préférable de les battre à un seul temps. Dans ce cas, on lève la main aussitôt qu'elle a marqué la mesure, afin d'être prêt à marquer la mesure suivante.

201. — Il y a d'autres mesures à trois temps, telles que $3/2$. $9/8$; mais elles sont peu usitées. (Figure 40.)

Mesure mixte.

202. — On rencontre, dans un petit nombre d'auteurs (1), une mesure d'un effet particulier; elle réunit cinq temps, et s'écrit $5/4$. On subdivise chaque mesure en trois temps, puis en

(1) Spontini, Boïeldieu, Reicha.

deux, que l'on sépare par une ligne ponctuée, au lieu de barre; en sorte qu'il faut alternativement marquer trois temps, puis deux, et continuer ainsi pour la mesure suivante. (Figure 41.)

Temps fort. — Temps faible.

203. — Il n'est pas indifférent de marquer la mesure, ni d'en écrire la barre, au premier temps, au second ou au troisième, quoiqu'à l'œil la division semble offrir le même résultat.

204. — Dans un chant bien mesuré, le premier temps de la mesure exige presque toujours qu'il soit exprimé plus fortement que les suivans ; c'est celui qui marque la principale cadence dans la danse et dans toute musique. Pour la marche des troupes, c'est le premier pas de convention, celui qui fait poser le pied gauche au commencement de chaque mesure. Enfin, dans les chants français, le premier temps s'appuie sur un son fermé, plein, et non sur une syllabe muette, qui occupe le plus souvent le milieu d'une mesure ou la fin. (1)

205. — Il est donc de règle générale que tout morceau bien cadencé doit faire sentir le premier temps de chaque mesure, plus que les suivans.

206. — Ce premier temps se nomme *temps fort* ; le second, *temps faible* ; le troisième, *demi-fort* ; le quatrième, *faible*.

(1) Dans l'air vulgaire : *Ah ! vous dirai-je maman*, si l'on bat la mesure sur la première note, comme le font tant de personnes, toutes les mesures seront marquées à contre-temps.

Dans la seconde partie, nous donnerons des règles pour écrire un air de mémoire.

Ainsi, dans toutes les mesures à deux, à trois ou à quatre temps, les temps impairs sont ou forts, ou demi-forts; ceux pairs sont faibles.

207. — D'après ces données, une mesure à 6/8 ne doit pas être changée en deux mesures à 3/8, quoique les notes soient les mêmes. En effet, la mesure 6/8 n'a que deux temps, l'un fort, l'autre faible; celle à 3/8 en a trois, deux forts et un faible. L'intention de l'auteur ne serait donc pas rendue.

Par la même raison, une mesure 6/8 ne saurait être transformée en 3/4, ou réciproquement, quoique le nombre des croches soit de six dans l'une et dans l'autre.

208. — Cependant, comme la mesure 6/8 est très-difficile à bien marquer, lorsqu'elle est lente, on peut la battre, dans ce cas, en deux fois, comme si elle était écrite 3/8, mais en ayant soin de ne faire sentir le temps fort qu'au commencement de chaque mesure réelle, c'est-à-dire à chaque barre écrite.

Syncope.

209. — Le premier temps des mesures et le troisième ne sont pas toujours des temps forts; le compositeur veut quelquefois qu'un temps fort devienne faible, et réciproquement: il a soin alors de donner aux notes une disposition particulière. Voici dans quels cas :

210. — Lorsqu'un temps fort se prolonge sur un temps faible, l'effet est naturel, parce qu'un son diminue graduellement en intensité, s'il n'y a un signe contraire. Mais si le son commence sur un temps faible, et qu'on le prolonge sur un temps fort, ce temps fort devient en réalité plus faible que le

précédent, puisque le son doit diminuer naturellement. C'est donc une marche à contre-temps, laquelle produit une singularité très-remarquable.

Ce son prolongé d'un temps faible sur un temps fort se nomme *syncope*, et fait distinguer facilement la différence qui existe entre eux, en comparant un chant ordinaire à un chant syncopé.

Ainsi, la *syncope* (1) a pour objet de déplacer le temps fort ou demi-fort, de manière à en faire un temps faible, et l'inverse.

211. — Dans l'exemple (figure 42), le premier *do* forme le premier temps, qui est fort.

Le deuxième *do* porte les deuxième et troisième temps. Ce deuxième temps, qui devrait être faible, doit ici au contraire être exprimé assez fortement; et le troisième temps (commençant au milieu du deuxième *do*), qui devrait être demi-fort, devient faible, et diminue de plus en plus.

Le *mi* qui suit forme le quatrième temps; et le son que l'on fait sentir, quoique temps faible, se prolonge, à cause de la liaison supérieure, en s'éteignant sur la première note *mi* de la deuxième mesure, note qui alors n'exprime plus un temps fort.

Le premier temps de cette seconde mesure se compose de la première note *mi* (croche) et de la moitié du *do* suivant (noire), qui est exprimé avec plus de force que le *mi*.

Le deuxième temps commence au milieu de ce même *do* et finit au milieu du *sol*.

Les troisième et quatrième temps suivent la même marche.

____

(1) Ce mot tiré du grec signifie *coupure*, *retranchement* d'un temps pour le porter sur un autre.

La deuxième portée (au-dessous de la figure 42), indique l'effet et le partage des quatre temps de la mesure.

On voit que les temps forts et les temps faibles sont intervertis.

La syncope est dite *brisée*, lorsque, formée de deux notes, la seconde a une valeur moindre que la première; les deux *mi* (figure 42), forment une syncope brisée.

212. — Dans les premiers mois de l'étude, pour bien saisir la syncope, on peut faire sentir le commencement de chaque temps, soit en s'exerçant à prononcer do....do-o, mi-i; do-o, so-ol, etc.; soit en appuyant sur le son, au milieu de la note syncopée, lorsqu'on se sert d'un instrument à vent ou à archet.

Mais, par la suite, on laissera mourir le son, dès qu'il aura été rendu, parce que le véritable effet est que le commencement d'une syncope est plus fort que le milieu, et le milieu plus que la fin. C'est une corde frappée et dont on laisse s'éteindre le son. (1)

Tenue.

213. — Lorsqu'un son doit être prolongé d'une mesure à la suivante, on couvre les notes d'un petit arc. Ce signe indique que le son doit être continué sans interruption; c'est une *tenue* ou *pédale* (2). L'effet diffère de la syncope, en ce que c'est simplement un son soutenu, sans égard aux temps forts ou faibles, si quelque signe ne l'exige. (Figure 43.)

(1) Voir solfége de A. Garaudé, p. 66 à 73, etc., 6e édition.
(2) Voir la note Z.

Liaison.

214. — Le petit arc indiquant les tenues et les syncopes qui passent d'une mesure à la suivante, se trouve encore sur plusieurs notes de différens degrés; dans ce cas, cet arc annonce que l'on doit *lier* ou couler les notes; un seul coup de langue, de gôsier ou d'archet, exprime la première note; les autres suivent, sans être détachées. C'est ce qu'on nomme *liaison*. (Figure 44.)

Chapitre 4.

Gammes majeures.

Création des Dièses.

215. — Nous ne nous sommes occupés jusqu'ici que de la gamme basée sur la tonique *do*. Avec les sons que comporte l'échelle totale, on peut évidemment composer une infinité de chants; mais, si tous étaient bornés aux élémens uniques de cette gamme, ils paraîtraient bientôt ennuyeux, à cause de leur uniformité et de la répétition constante des sons qui la composent; lesquels sons se bornent en définitive à sept, puisque les octaves n'en donnent que l'écho.

Un morceau de musique, dans un ton quelconque, ne saurait donc être soutenu long-temps, sans que l'oreille désirât qu'il y fût mélangé quelques nouveaux sons étrangers à la gamme adoptée, afin de réveiller l'attention et de former des contrastes.

216. — On ne saurait disconvenir que l'homme est né avec le goût le plus prononcé pour la variété. On le remarque chez les enfans et parmi les jeunes gens ; on l'éprouve dans toutes les situations de la vie. C'est un plaisir, un besoin sans cesse renaissant. Le sens de l'ouïe, sur-tout, en est singulièrement avide : l'uniformité fatigue et blesse l'oreille. Heureusement la nature, en la rendant exigeante, a créé des moyens immenses de la satisfaire ; elle a produit des sons à l'infini ; elle a permis de les varier de mille et mille manières, et nous a doués de la faculté d'en saisir, soit les détails successifs, soit l'ensemble harmonieux.

217. — Afin de concevoir la marche qui a été suivie pour varier les chants, il faut se rappeler que chaque son peut être la base d'une gamme pareille à celle de *do*, c'est-à-dire ayant cinq tons et deux demi-tons, ceux-ci devant être placés, l'un de la troisième à la quatrième note, et l'autre de la septième à la huitième. (80.)

218. — Cependant, nous trouvons, en n'usant que des sons de la gamme de *do*, que si l'on commençait par *ré*, nous aurions :

$$\text{Ré} \overset{1/2}{-} \text{mi} - \text{fa} - \text{sol} - \text{la} - \text{si} \overset{1/2}{-} \text{do} - \text{ré.}$$

Cette suite diffère de la gamme de *do*, en ce que les deux demi-tons sont ici placés de la seconde à la troisième note, et de la sixième à la septième.

219. — Or, les huit sons qui constituent la gamme de *do* ont été rangés dans l'ordre qui convient à notre organisation, ou, si l'on veut, à nos habitudes. Cet ordre ne saurait être

changé, pour répéter, sur un ton plus élevé ou plus bas que celui de *do*, les chants qu'aurait donnés cette gamme. En effet, si un chant débutait par *do, mi,* cet intervalle, qui est de deux tons, ne pourrait être remplacé par *ré, fa,* qui ne donne qu'un ton et demi. Il en serait ainsi de presque tous les autres intervalles de la même suite basée sur *ré*, d'après l'ordre ci-dessus.

Ces observations, faciles à saisir, s'appliquent à toute autre suite de notes qui, au lieu de *ré*, prendrait pour base l'un des autres sons de la gamme de *do*.

220. — Il faut donc que nous trouvions un moyen d'assimiler à cette dernière gamme les diverses suites de sons, de manière à obtenir les deux demi-tons, de la troisième à la quatrième, et de la septième à la huitième.

En calquant ainsi sur la gamme de *do*, les suites qui auraient pour tonique l'une des cordes, *ré, mi, fa, sol,* etc., il devient de toute nécessité qu'un ou plusieurs sons de la gamme de *do*, subissent une modification, soit en élevant le son, soit en l'abaissant.

221. — Afin de nous écarter le moins possible de la gamme de *do* que nous connaissons, employons les notes qui lui sont propres, en faisant entendre successivement sur un instrument, sur un piano, par exemple, les notes de l'accord parfait dans un ordre quelconque *do mi sol ; mi sol do sol,* etc. On forme ce que l'on nomme des *batteries* ; et comme on peut en faire sur d'autres notes (1) que sur l'accord parfait,

---

(1) L'arpège n'a lieu que sur les notes qui portent accord entre elles (121) ; mais une batterie peut être établie sur plusieurs notes qui ne forment point accord. Par exemple, *ré, mi, sol, mi,* ou *mi, sol, la, sol,* etc.

j'y entremêlerai *la*, *si*, *ré*, en supprimant *do* et en répétant souvent *sol*, ce qui est naturel, puisque celle-ci est dominante. Alors *do* se trouvant écarté peu à peu, il arrivera que l'oreille s'en occupera moins, et que bientôt toute son attention se portera sur le *sol*.

222. — Dans ce cas, il s'établit insensiblement une nouvelle tonique qui est *sol*, et le chant ne paraît plus basé sur le *do*. Continuant de faire entendre *mi*, *sol*, *si*, *ré*; *si*, *ré*, *sol*, *la*, introduisez le *fa* naturel. vous trouverez que ce son de *fa* est choquant, sur-tout si vous le faites précéder immédiatement *sol*. L'oreille veut que ce son de *fa*, qui est à un ton de *sol* (devenu tonique), en soit rapproché d'un demi-ton, de même que *si* est à un demi ton de *do*, qui était tonique. C'est à dire que *fa* étant haussé d'un demi-ton, devient sensible de *sol*.

223. — Ce nouveau *fa* se nomme *fa dièse* (1), et le signe ♯ placé au-devant de la note, sur la portée, sert à le distinguer du *fa* naturel de la gamme de *do*.

Ton de Sol majeur. (1 dièse).

224. — Le changement qui s'est opéré si naturellement, ayant modifié la gamme de *do*, je comparerai à celle-ci la nouvelle gamme basée sur *sol*, en les écrivant l'une au-dessus de l'autre :

$$\text{Do} - - \text{ré} - - \text{mi} \overset{1/2}{-} \text{fa} - - \text{sol} - - \text{la} - - \text{si} \overset{1/2}{-} \text{do.}$$
$$\text{Sol} - \text{la} - - \text{si} - \text{do} - - \text{ré} - - \text{mi} - - \text{fa} \; ♯ - \text{sol.}$$

(1) *Dièse*, mot tiré du grec, signifie *division*, parce qu'il divise le ton en deux parties.

225. — Dans cette dernière, si le *fa* était resté naturel, je n'aurais qu'un demi-ton de *mi* à *fa*, et il serait resté un ton de *fa* à *sol*. Pour que cette suite fût entièrement semblable à la gamme de *do*, le ♯ du *fa* était donc indispensable.

226. — Les deux gammes de *do* et de *sol* étant identiques, j'en conclus que l'accord parfait de *sol* est *sol, si, ré*, pris de tierce en tierce; et comme la première est majeure, le ton de *sol* est également majeur. (87)

La gamme est aussi diatonique (82).

227. — Toutes les dénominations données aux notes de la gamme de *do* s'appliquent à celle de *sol*, attendu qu'elles sont égales. Ainsi *sol* est la première; *si* est la médiante, *ré* la dominante, *fa* ♯ la sensible, etc.

228. — Puisque dans ces deux gammes les notes sont disposées de la même manière, un chant écrit en *sol* pourrait l'être également en *do*. Il suffit pour cela d'écrire *do* chaque fois que je trouverai *sol*; d'écrire *ré* lorsque je verrai *la*, et de continuer ainsi. Les intervalles seront conservés partout, et l'exécution ne donnera d'autre différence que celle du son, qui, pour chaque note, sera plus élevé ou plus bas, suivant que l'on aura écrit *do* au-dessus ou au-dessous de la tonique *sol*.

229. — Il est évident qu'il y a réciprocité entre ces deux tons, et qu'un air écrit en *do* peut l'être aussi en *sol*. Dans ce cas, il faudra seulement que, sur la portée, j'indique qu'on ne doit pas prendre le *do* pour tonique, mais bien le *sol*. Or, le ton de *do* ne porte aucun signe à la clef; je puis par conséquent y inscrire le ♯ du *fa*, et le ton de *sol* sera suffisamment signalé. (Voir figure 47, le ton majeur de *sol*, à la droite de DO.)

Remarquons que ce signe indique la sensible et que tous les

fa doivent être dièsés, à moins de signe contraire, comme on le verra plus tard. (1)

Transition.

230. — Il suit de l'art. 222 que, dans les chants en *do*, la gamme de *sol* peut être empruntée, en passant, pour introduire quelque variété et en écarter la monotonie. En effet, du ton de *do* on arrive sans peine à celui de *sol*, en dièsant le *fa*. Le chant se trouve alors modifié légèrement, puisqu'au dièse près, les deux gammes portent les mêmes sons. Ainsi, ayant un morceau en *do*, dès que je rencontrerai un *fa* ♯ sans qu'il paraisse d'autre signe accidentel, j'en conclurai presque toujours que le chant entre dans la gamme de *sol*.

Ce passage d'un ton à un autre se nomme *transition* (2). La clef ne change pas.

231. — Ce dièse accidentel est commun à tous les *fa* de la mesure où il est écrit, mais non aux mesures suivantes, s'il n'y est répété. Dans le cas contraire, le *fa* redevient naturel et l'on rentre dans le ton de *do*, qui est le ton primitif.

232. — La gamme de *sol* ne prend point la dénomination de naturelle, à cause de l'introduction du dièse qui, étant un produit de l'art, ne fait point partie de celle de *do*. Elle n'est toutefois ni plus ni moins naturelle que cette dernière, qui n'a été désignée ainsi que par convention, pour la distinguer de celles affectées de quelques signes. (70)

(1) Il peut arriver qu'un air de peu d'étendue n'emploie pas la note sensible. Le signe n'en doit pas moins être inscrit à la clef, afin de pouvoir reconnaître le ton.

(2) Voir des exemples dans un solfége, celui de A. Garaudé, 6ᵉ édit., n. 37, 38, 40, 55 et autres.

233. — On ne doit pas perdre de vue que le son de *fa* ♯ est entièrement différent de celui de *fa* naturel ; il en diffère autant que du *sol* qui suit au-dessus. C'est évidemment un son particulier, une nouvelle corde intercallée entre *fa* et *sol*.

234. — Ce *fa* ♯ a pu aussi occuper sur la portée la place du *fa* primitif dont il prend le nom, parce que celui-ci a disparu pour tout le temps que le ton de *sol* existe. La portée avait d'ailleurs été imaginée pour les sept notes naturelles, qui furent long-temps les seules en usage. Quand on employa des cordes intermédiaires, on les considéra comme une modification momentanée de la note voisine, et celle-ci fit place à la nouvelle, ce qui dispensa d'augmenter le nombre des degrés de l'échelle et de créer de nouveaux noms pour ces nouvelles cordes.

235. — Du ton de *do* nous sommes passés à celui de *sol*, qui était sa dominante. Par le même moyen, nous pouvons du ton de *sol* passer à celui de sa dominante *ré*.

Ton de Ré majeur. (2 dièses).

236. — En formant des batteries sur *sol*, *si*, *ré*, accord parfait de *sol*, sur *fa* ♯ *la*, *do*, *mi* ; écartant peu à peu la tonique *sol*, on sent bientôt que *ré* s'établit comme tonique, et par suite que le *do* naturel choque l'oreille, attendu que cette tonique *ré* a besoin d'une sensible, qu'elle l'appelle, ainsi qu'il est arrivé pour le ton de *sol*.

237. — Je dois donc élever le *do* d'un demi-ton, c'est-à-dire le diéser, et j'aurai la gamme de *ré* majeur, qui sera :

$$\text{Ré} - - \text{mi} - - \overset{\textstyle 1/2}{\text{fa} \sharp} - \text{sol} - - \text{la} - - \text{si} - - \overset{\textstyle 1/2}{\text{do} \sharp} - \text{ré}.$$

238. — J'écrirai sur la portée les deux dièses, en commençant par celui de *fa*, parce qu'il existait déjà dans le ton de *sol*, d'où est dérivé celui de *ré*. (Figure 47.)

239. — Cette gamme de *ré*, comparée à celle de *do*, offre les mêmes intervalles : elle lui est donc égale et égale aussi à celle de *sol*. Ces trois tons pourront, par conséquent, se remplacer mutuellement ; et du ton de *sol*, le chant passera facilement à celui de *ré*, que je reconnaîtrai à sa note sensible *do* ♯, sans autre signe *accidentel*, car le *fa* ♯ n'est pas accidentel, puisqu'il fait partie du ton de *sol* que l'on vient de quitter.

On voit que les mêmes raisonnemens sont applicables à chacune des trois gammes ci-dessus.

Tons de LA *majeur* (3 dièses).
—— *de* MI —— (4 id.)
—— *de* SI —— (5 id.)

240. — Du ton de *do*, on est passé à celui de sa dominante *sol*, et de celui-ci, au ton de sa dominante *ré*. Dans l'un et l'autre cas, on n'a eu besoin que de dièser la note au-dessous de chaque nouvelle tonique, pour en faire la sensible. Nous pouvons en conclure, par analogie, qu'il doit en être de même des autres tons portant des dièses.

241. — Or, la note qui devient sensible du nouveau ton, était la sous-dominante du ton précédent. Il a fallu la dièser. On peut donc établir cette règle générale :

« D'un ton quelconque, on peut passer à celui de sa do-
» minante, en dièsant la sous-dominante du ton que l'on
» quitte. »

242. — Appliquant ce principe au ton de *ré*, sa dominante est *la*. Je dièse sa sous-dominante *sol*, et j'ai trois dièses dont l'ordre de création est *fa, do, sol*, ce qui me donne la gamme :

La — — si — — do ♯ — ré — — mi — — fa ♯ — — sol ♯ — la.

Absolument disposée comme celles de *do*, de *sol* et de *ré*. (Figure 47.)

243. — De ce ton de *la*, je passerai, d'après la règle, à celui de sa dominante *mi*, en dièsant *ré* sous-dominante, et j'aurai avec quatre dièses la gamme :

Mi — — fa ♯ — — sol ♯ — la — — si — — do ♯ — — ré ♯ — mi.

244. — Même raisonnement pour le ton de *si* majeur, qui oblige à dièser le *la*, note au-dessous, laquelle forme le cinquième dièse, comme sensible de *si*.

Si — — do ♯ — — ré ♯ — mi — — fa ♯ — — sol ♯ — — la ♯ — si.

245. — Tous ces détails doivent paraître simples et même minutieux, On va voir qu'ils préparent à des observations un peu plus compliquées.

Ton de FA ♯ *majeur* (6♯).

246. — Le *fa* ♯ est la dominante du ton de *si* qui précède ; il devient tonique en dièsant *mi*, devenu sensible de *fa* dièse.

Mais ce *mi* ♯ doit arriver au *fa* naturel, puisque du *mi* au *fa*, nous n'avons reconnu qu'un demi-ton. Ce sera donc, à l'exécution, le *fa* naturel qu'il faudra faire entendre pour la sensible de *fa* ♯ tonique.

Le piano, l'orgue, la guitare, les autres instrumens à touches fixes et la plupart de ceux à vent, n'ont pas d'autres moyens d'exprimer le *mi* ♯ ; ils donnent le *fa* naturel.

247. — Pourquoi, dans ce cas, demandera-t-on, ne pas écrire *fa* naturel et non *mi* ♯ ?

La réponse à cette question est qu'en *théorie*, le *mi* ♯ diffère de très-peu de chose du *fa* naturel ; il devrait être en réalité d'un neuvième de ton moins élevé que ce dernier. (1)

Cette très-légère différence est insensible à l'exécution ; et l'oreille, soit qu'on l'ait habituée à cette mutation minime des deux sons, soit que l'effet tienne à notre organisation physique, accepte le *fa* naturel au lieu et place de *mi* ♯.

248. — De plus longs développemens seraient ici prématurés. Il suffit, quant à présent, de reconnaître comme un fait que *mi* ♯ n'étant pas théoriquement la même chose que *fa* naturel, on ne doit pas écrire l'un pour l'autre.

On le reconnaîtra sans peine, par la suite, en remarquant que le *fa* naturel est une note qui appartient à la gamme de *do* et à quelques autres, et jamais à la gamme de *fa* ♯. C'est le *mi* ♯ qui, comme sensible, est la note vraiment *caractéristique* de ce ton de *fa* ♯. Sa gamme a, par conséquent, six dièses :

$$\text{Fa} ♯ --- \text{sol} ♯ --- \text{la} ♯ \overset{1/2}{-} \text{si} --- \text{do} ♯ --- \text{ré} ♯ --- \text{mi} ♯ \overset{1/2}{-} \text{fa} ♯.$$

Ton de DO ♯ *majeur* (7 dièses).

249. — Du ton de *fa* ♯, on passe à celui de sa dominante *do* ♯. Le *si* qui précède cette tonique doit être dièsé, et devient *do* naturel à l'exécution, tout en écrivant *si* ♯ à la clef. Le motif est le même que pour *mi* ♯ ci-dessus.

(1) Voir note A².

Ce ton de *do* ♯ majeur ayant sept dièses, chaque note de la gamme naturelle se trouve dièsée.

$$\text{Do♯} \;—\;—\; \text{ré♯} \;—\;—\; \overset{1/2}{\text{mi♯}} — \text{fa♯} \;—\;—\; \text{sol♯} \;—\;—\; \text{la♯} \;—\;—\; \overset{1/2}{\text{si♯}} — \text{do♯.}$$

(Voir pour toutes les gammes avec dièses la figure 47.)

Doubles Dièses.

250. — Dans le ton de *do* ♯ majeur, la dominante est *sol* ♯. Si je voulais monter au ton de cette dominante, comme je l'ai fait précédemment, qu'arriverait-il?

Pour avoir la sensible de *sol* ♯, je devrais, suivant le principe, élever d'un demi-ton la note qui est au-dessous. Cette note est *fa♯*. Or, ce *fa* portant déjà une dièse, il faudra le dièser une seconde fois. C'est ce que l'on nomme double dièse. Il s'écrit X ou ♯♯ au-devant de la note, comme le dièse simple.

La gamme serait donc :

$$\text{Sol♯} \;—\;—\; \text{la♯} \;—\;—\; \overset{1/2}{\text{si♯}} — \text{do♯} \;—\;—\; \text{ré♯} \;—\;—\; \text{mi♯} \;—\;—\; \overset{1/2}{\text{faX}} — \text{sol♯.}$$

251. — Une pièce de musique ne débute point par ce ton de *sol* ♯ majeur, ni par ceux qui pourraient suivre, en continuant de s'élever de quinte en quinte, à des tons où entreraient nécessairement les autres doubles dièses de *do*, *sol*, *ré*, *la*, *mi*, *si*, dans l'ordre de la création des dièses simples.

252. — Le signe du double dièse ne se trouve donc jamais guère à la clef, si ce n'est pour des études tracées en vue d'exercer les élèves à l'exécution des doubles dièses. Mais on

en rencontre parfois dans le courant des morceaux de longue haleine. Lorsqu'il s'en présente, il faut élever d'un ton entier la note affectée du signe X. Ainsi, le *fa* X devient *sol*; *do* X devient *ré*, etc.

Toutefois, l'on ne saurait écrire *sol*; ni *ré*, parce que, d'après la théorie, un double dièse ne donne pas exactement le son de la note supérieure distante d'un ton. L'oreille adopte l'un pour l'autre; mais ces notes *sol* et *ré* appartiennent à d'autres gammes qu'à celles que peuvent caractériser les doubles dièses.

Lorsque, pour changer de ton, l'on veut supprimer l'un des dièses, il suffit d'écrire le dièse ordinaire.

Moyen de distinguer chaque ton majeur avec Dièses.

253. — Les gammes avec des doubles dièses n'étant reçues que par transition au milieu des pièces de musique, il s'ensuit que l'on compte seulement sept gammes majeures portant des dièses. Pour les distinguer entre elles, à l'inspection de la clef, il ne faut que se rappeler comment elles ont été formées.

254. — Du ton de *do*, on s'est élevé jusqu'à celui de *do* ♯, de dominante en dominante, ou ce qui est la même chose, de quinte en quinte.

255. — A chaque opération, un seul changement a été apporté à la gamme précédente; c'est la création du dièse de la sensible. Le dernier dièse créé indique par conséquent la sensible. Or, puisqu'elle est toujours d'un demi-ton au-dessous de la tonique, dès que la sensible est connue, la tonique l'est aussi.

256. — Quant à la création des dièses, l'ordre est nécessairement le même que celui des tons, c'est-à-dire de quinte en quinte en montant, à partir de *fa* ♯, qui est le premier. Ce sera donc :

fa♯ do♯ sol♯ ré♯ la♯ mi♯ si♯

Ainsi, ayant trois dièses à la clef, l'ordre de création et de placement sur la portée étant *fa* ♯, *do* ♯, *sol* ♯, ce dernier me désigne *la* pour tonique.

Si j'en trouve cinq, le dernier sera *la* dièse, sensible du ton de *si* majeur.

Cette règle est sans exception.

Gamme divisée en 12 demi-tons par Dièses.

257. — Nous avons obtenu huit gammes, dont une naturelle, et sept avec un ou plusieurs dièses; toutes sont basées sur des sons différens.

258. — Le dièse ayant la propriété de hausser chaque note d'un demi-ton, les cinq tons entiers de la gamme naturelle se trouvent divisés en dix demi-tons. Si l'on y ajoute les deux demi-tons, de *mi* à *fa*, et de *si* à *do*, on voit que l'octave est divisée en douze demi-tons. La pratique les considère comme égaux entre eux.

En faisant entendre succesivement ces douze demi-tons, on exécute ce qu'on nomme une *gamme chromatique* ou par demi-tons (1). (Figure 45.)

____

(1) Ce mot *chromatique* sera expliqué plus tard.

Suppression des Dièses.

259. — S'il est facile et naturel de passer d'un ton à celui de sa dominante, il ne doit pas l'être moins de revenir de ce dernier à celui que l'on avait quitté. Le moyen est tout simple : c'est de supprimer le dernier dièse créé, et de prendre en place la note qui avait été supprimée.

En effet, du ton de *do*, j'étais entré dans le ton de *sol*, en diésant le *fa* : si j'efface le dièse, il me restera le *fa* naturel. Les autres cordes de la gamme de *sol* étant les mêmes que celles de *do*, j'aurai les sept notes naturelles : donc je serai revenu au ton de *do* majeur.

260. — Cette transition rétrograde eût pu être démontrée, comme l'a été celle de *do* au ton de *sol* (221), par des batteries de *sol, si, ré*, mélangées avec *fa* ♯, *la, do, mi*. Si l'on écarte *sol*, pour répéter plus fréquemment le *do*, ce dernier devient de rechef tonique, en reprenant la sensible *si*. Alors le dièse du *fa* disparaîtra naturellement, parce que *sol* n'étant plus tonique, mais bien dominante, n'a pas besoin de sensible ; et aussi parce que le ton de *do* une fois bien senti, n'admet qu'un *fa* naturel.

Bécarre.

261. — Dans cette transition, il faut que, sur la portée, on indique que le *fa* n'est plus dièse ; c'est ce que l'on obtient en remplaçant le dièse par le signe ♮ qui se nomme *bécarre* ; lequel rend naturelle la note qui le suit.

262. — Ce signe ne s'écrit point ordinairement à la clef, parce que toute note qui n'y est affectée d'aucun signe est toujours naturelle. Il n'y a que le cas où, quittant un ton portant des dièses (ou autres signes), on a besoin de faire remarquer au lecteur que ces dièses doivent être remplacés par des bécarres ; alors on inscrit ceux-ci à la clef.

263. — L'opération qui vient d'être démontrée (259), pour revenir du ton de *sol* à celui de *do*, est de droit applicable à tous les autres tons créés par les dièses. Elle se réduit à descendre par quintes, comme on était monté par quintes (254).

264. — Ainsi, pour rétrograder du ton de *do* ♯, jusqu'à celui de *do* naturel (figure 47), je supprime, à chaque fois, le dernier dièse écrit à la clef. Mais supprimer un dièse, c'est abaisser la note d'un demi-ton. On peut donc dire, d'une manière plus générale, que pour descendre au ton de la quinte, au-dessous, on baisse la sensible de celui que l'on quitte.

265. — Dans ce dernier ton, quelle place occupait la nouvelle tonique? De *sol*, par exemple, je suis descendu au ton de *do*. Quelle place avait *do* dans la gamme de *sol* ? *Do* était quarte ou sous-dominante. Donc je suis arrivé du ton de *sol* à celui de sa sous-dominante *do*.

266. — De là cette règle générale :

« D'un ton quelconque, on descend à celui de sa sous-do-
» minante, en baissant d'un demi-ton la sensible du ton que
» l'on quitte. »

267. — En joignant à cette règle celle établie à l'art. 241, on en a déduit celle-ci, qui les renferme toutes deux :

« Pour changer de ton, le moyen le plus simple est de mon-
» ter à celui de la dominante, ou de descendre à celui de la
» sous-dominante. »

Dans l'un et l'autre cas ; c'est toujours monter par quinte et descendre par quinte.

268. — Appliquant le principe rétrograde au ton de *do* ♯ (ayant sept ♯), je dois revenir à celui de sa sous-dominante *fa* ♯. Je baisse d'un demi-ton la sensible *si* ♯ du ton de *do* ♯ (en supprimant le dièse du *si*, dernier créé.) Il ne me reste plus que six dièses à la clef, lesquels forment le ton de *fa* ♯ (246.)

269. — En continuant ainsi de descendre au ton de la sous-dominante, tous les dièses disparaîtront successivement, et l'on reviendra au ton de *do* naturel, d'où l'on était parti pour les créer.

Création des Bémols.

270. — Arrivé au ton de *do*, si je cherche à continuer de descendre, je dois obtenir celui de *fa*, quinte au-dessous. Mais je n'ai plus de dièse à supprimer : voyons ce qui en résultera.

271. — Dans la suppression des dièses, j'ai baissé d'un demi-ton la sensible de la tonique que je voulais quitter. Pour descendre du ton de *do* à celui de *fa*, je dois de même baisser d'un demi-ton la sensible de *do*; cette sensible est *si*, qui n'a plus de dièse. Je ne puis, par conséquent, baisser le *si*, qu'en employant un nouveau signe ♭, nommé *bémol*, qui se place (comme le ♯) au-devant de la note (1).

(1) Voir note E².

Ton de FA *majeur*. (1 bémol.)

272. — Le *fa* étant pris pour tonique, et le *si* baissé d'un demi-ton par le bémol, j'ai une nouvelle gamme ainsi disposée :

$$\overset{1/2}{}\qquad\qquad\overset{1/2}{}$$

Fa — — sol — — la — si ♭ — — do — — ré — — mi — fa.

Je vois que les cinq tons et les deux demi-tons sont distribués de la même manière que dans la gamme naturelle de *do*, et j'en conclus :

1º Que ces deux gammes sont égales ;

2º Que celle de *fa* est aussi égale à toutes les autres créées par des dièses.

273. — Ce ton de *fa* pourra, par conséquent, remplacer toute autre gamme majeure (228), et je pourrai aussi, du ton de *do*, passer en descendant à celui de *fa*, pour varier les chants, comme on est passé, en montant, à celui de *sol*. (230)

274. — Dans le cas de transition en *fa*, je m'en apercevrai dès que je rencontrerai un *si* ♭, en supposant toutefois qu'aucune autre note ne soit altérée ; car s'il est permis de passer du ton de *do* à celui de *fa* ou de *sol*, il ne l'est pas moins d'entrer dans d'autres tons qui peuvent succéder immédiatement à celui de *do*, ainsi qu'on le verra bientôt. Or, ces autres tons ne sauraient être affectés des mêmes signes exactement, que ceux de *sol* et de *fa*, qui se distinguent, l'un par un seul dièse à la clef, l'autre par un seul bémol. (Figure 47, à droite et à gauche de DO.)

275. — Le ton de *fa* ne se trouve point dans les gammes par dièses ; car le *fa*, que déjà nous avons pris pour tonique, est dièsé, et ce ton porte six dièses. *Fa* naturel donne donc une gamme entièrement différente de toutes les autres.

Son accord parfait est *fa*, *la*, *do* : la première tierce *fa*, *la*, étant de deux tons, la gamme de *fa* est majeure et aussi *diatonique* (82), parce que les demi-tons, *la*♯, *si*♮ *mi*, *fa*, sont égaux à *si*, *do*.

276. — Si le morceau de musique est composé en *fa*, le bémol du *si* s'écrit à la clef. Dans le cas contraire, ce bémol n'est que de passage ; il s'écrit au-devant de la note, pour tous les *si* qui suivent dans la même mesure (1).

277. — Il est inutile de faire remarquer, ainsi qu'on l'a fait pour le *fa* ♯ (233), que le son de *si* b est entièrement différent de celui de *si* ♮ et de *la*, qui est immédiatement au-dessous. Ce *si* b est une corde intermédiaire entre *la* et *si*, laquelle existe dans les pianos.

278. — Le bémol a baissé le *si* d'un demi-ton ; le dièse du *la* avait élevé ce *la* d'un demi-ton. Le *la* ♯ et le *si* bémol se rencontrent donc *à l'exécution*, parce que chacun d'eux partage en deux parties égales le ton entier du *la* au *si*. Les deux sons *la* ♯, *si* bémol se confondent en un seul.

279. — Toutefois, on n'écrit pas indifféremment l'un pour l'autre. En voici les motifs :

On a vu que les dièses doivent s'écrire successivement dans

---

(1) Lorsqu'un signe accidentel affecte la dernière note d'une mesure, et qu'une note pareille commence la mesure suivante, cette dernière est soumise au même signe (quoiqu'il ne soit pas répété), sur-tout quand il y a une liaison.

l'ordre de leur création. L'un d'eux suppose toujours, dans les tons majeurs, que les autres, créés antérieurement, sont déjà écrits ou font partie de la gamme que caractérise le dernier dièse (248). Or, si au lieu de *si* b, on écrivait *la* ♯, celui-ci supposerait l'existence de quatre autres dièses (*fa, do, sol, ré*), créés avant lui, et annoncerait le ton de *si* dont le *la* ♯ est la sensible. Au contraire, on veut entrer dans le ton de *fa*, qui ne prend qu'un bémol et qui exclut les dièses. Ce sera donc *si* b que je devrai écrire, et non *la* ♯.

Le raisonnement inverse suit naturellement.

Ces observations sont communes aux autres tons avec bémols, que nous allons trouver.

280. — Du ton de *do*, nous sommes descendus à celui de *fa*, qui était sous-dominante du premier. La règle tracée (267) pour la marche rétrograde des dièses, a donc aussi été observée pour la création du premier bémol. Elle le sera également pour tous les autres.

Ton de SI b majeur (2 bémols).

281. — Du ton de *fa*, je veux descendre à celui de sa sous-dominante *si* b. Je dois, pour cela, baisser d'un demi-ton la sensible *mi* du ton de *fa* que je quitte. *Mi* va, par conséquent, devenir bémol, et j'en aurai deux, *si* et *mi*, dans la gamme basée sur *si* bémol, comme suit :

½   ½

Si b — — do — — ré — mi b — — fa — — sol — — la — si b.

282. — Les deux bémols s'écrivent à la clef, en commençant par celui de *si*, qui est le premier créé, et qui, par cette raison, était déjà censé écrit lorsque le second a paru (Fig. 47).

283. — Ce ton de *si* b est nouveau, puisque le son qui lui sert de base n'a point encore été pris pour tonique.

284. — Il est évident que le raisonnement établi pour *la* ♯ et *si* b (art. 278 et 279), est également applicable à *ré* ♯ et *mi* b, qui, à l'exécution, ne forment que le même son, et qui, cependant, ne sauraient être écrits l'un pour l'autre, sans commettre une faute notable.

Autres Tons majeurs en Bémols.

285. — En continuant ainsi la marche rétrograde, nous trouverions successivement les bémols des cinq autres notes de la gamme dans l'ordre suivant : *la*, *ré*, *sol*, *do*, *fa*, lesquels donnent naissance aux tons ci-après,

Ton de mi b (3 bémols : si, mi, la).
     la b (4 b — si, mi, la, ré).
     ré b (5 b — si, mi, la, ré, sol).
     sol b (6 b — si, mi, la, ré, sol, do).
     do b (7 b — si, mi, la, ré, sol, do, fa).

286. — Chacune de ces gammes et de celles créées par les dièses, ayant pour base un son, qui, *théoriquement*, n'est pas e même que celui des autres toniques, on en conclut que les gammes sont différentes, c'est-à-dire que le son de la tonique diffère des autres dans chacune ; car les cinq tons et les deux demi-tons sont disposés de la même manière, et leur donnent un air de parité très-remarquable.

Division de la Gamme en 12 demi-tons par Bémols.

287. — La gamme a été divisée en douze demi-tons par les dièses; elle l'est aussi par les bémols, puisque chaque note peut être bémolisée. En effet, les cinq tons pleins produisent dix demi-tons, et l'on a de plus les deux demi-tons de *mi* à *fa*, et de *si* à *do*, ce qui donne le nombre douze.

Leur réunion forme une gamme *chromatique*, comme on l'a obtenue par les dièses. (258) (Figure 46.)

288. — Remarquons encore que la clef ne saurait porter à la fois des dièses et des bémols dans les tons majeurs, quoiqu'ils puissent se rencontrer dans un même morceau.

En effet, la clef indique le ton principal dans lequel une pièce de musique est composée. Or, on a vu que les tons avec dièses ne prennent que des dièses; ceux avec bémols ne comportent aussi que des bémols : la clef ne peut donc être armée que de l'un ou de l'autre de ces signes.

289. — Mais un chant majeur peut se trouver varié par transition, assez rapidement pour admettre immédiatement des dièses et des bémols.

On verra qu'ils peuvent se rencontrer sans changer de tonique, et quelquefois dans une même mesure.

Moyens de reconnaître chaque Ton majeur avec Bémols.

290. — Les tons majeurs par dièses sont très-faciles à reconnaître entre eux, la tonique étant toujours la note au-dessus du dernier dièse. (255.)

Les tons majeurs bémols sont distingués d'une autre manière :

« La tonique est toujours l'avant-dernier bémol créé. »

291. — Il suffit donc de fixer dans sa mémoire l'ordre dans
lequel ils ont paru ; c'est de quinte en quinte en descendant,
de même que les tons auxquels ils ont donné naissance.

Le premier bémol étant *si*, leur ordre sera :

si b, mi b, la b, ré b, sol b, do b, fa b.

Dès lors, si la clef porte trois b, le dernier est *la* b ;
l'avant-dernier *mi* b ; celui-ci est la tonique.

Si j'en trouve cinq, *ré* b sera la tonique, parce qu'il est
l'avant-dernier.

292. — Au surplus, le dernier bémol étant ordinairement
bien apparent à la clef, on peut, de celui-ci, descendre d'une
quarte, pour trouver la tonique majeure : ayant *ré* bémol
pour le dernier, je descends d'une quarte, et j'ai *la* bémol
pour tonique (1).

293. — On obtient le même résultat, en montant du dernier bémol à la quinte, qui est l'octave de la tonique : de *ré*
bémol, montez à la quinte, vous trouverez encore *la* bémol.

Doubles Bémols.

294. — Parvenu au ton de *do* b, qui porte les sept bémols,
si je voulais descendre au ton de sa sous-dominante *fa* b, je devrais baisser d'un demi-ton *si* b sensible de *do* b. Ce *si* est déjà
bémol ; il faudrait, par conséquent, le bémoliser une seconde
fois.

(1) Voir note C².

Ce double bémol s'écrit *bb* sur la portée, ainsi qu'on le fait pour les bémols simples.

La gamme serait alors :

$$\text{Fa } b - - \text{sol } b - \overset{1/2}{-} \text{la } b - \text{si } bb - - \text{do } b - - \text{ré } b - \overset{1/2}{-} \text{mi } b - \text{fa } b.$$

295. — Voyons ce que serait ce ton de *fa* b, qui exigerait *si* bb :

Fa b, à l'exécution, n'est autre que *mi* naturel, puisque *fa* descendant d'un demi-ton, arrive positivement à *mi*. On sait que les instrumens, en général, n'ont qu'une manière de rendre le *mi* et le *fa* b.

Le ton de *fa* b serait donc le même que celui de *mi*. Or, celui-ci existe déjà (243.) Il porte quatre dièses ; il y aurait alors double emploi pour les instrumens, et aussi pour l'oreille, parce qu'elle confond *mi* et *fa* b en un seul et même son, quoiqu'en théorie ils ne soient pas identiques, ce qu'il importe de ne pas perdre de vue.

296. — Il en serait ainsi de tous les autres tons que l'on chercherait à créer par des doubles bémols, lesquels paraîtraient dans l'ordre déjà trouvé : *si*, *mi*, *la*, *ré*, etc., puisque l'on descendrait de rechef par quintes.

Ainsi ces tons, pour l'exécution, rentreraient dans ceux créés antérieurement.

297. — Il en résulte que l'on ne compose point de morceaux en débutant par des doubles bémols, et qu'on ne les trouve écrits à la clef que comme objet d'études.

Mais on les rencontre assez fréquemment dans de grandes pièces où ils sont introduits (de même que les doubles dièses), par des combinaisons de transitions passagères.

298. — Lorsqu'un double bémol se présente, il est facile de voir que la note doit être descendue de deux demi-tons, c'est-à-dire d'un ton entier; *si* bb devient un *la; mi* bb, un *ré,* etc.

299. — On juge aussi que le signe du double bémol doit être écrit, et que l'on ne saurait lui substituer, sur la portée, la note même que les instrumens exécutent (252.) Le raisonnement qui a été fait, pour ne pas écrire *la* ♯ au lieu de *si* b, et réciproquement, est applicable ici par analogie (279.)

Dans le cas d'un double-bémol, si l'on voulait en supprimer un, pour changer de ton, on écrirait un seul bémol.

Suppression des Bémols.

300. — Par une marche simple et uniforme, nous sommes descendus de quinte en quinte, du ton de *do* ♯ (ayant sept ♯), à celui de *do* b, qui porte sept bémols.

Cette opération nous a donné quinze gammes, y compris celle de *do* naturel.

301. — Il est évident que l'on doit pouvoir, en s'élevant par quintes successives, depuis le ton de *do* bémol, remonter jusqu'à celui de *do* ♯.

En effet, du ton de *do* b, je puis revenir à celui de sa quinte *sol* b, en donnant une sensible à cette dernière tonique; c'est-à-dire en élevant d'un demi-ton la sous-dominante *fa* ♮ du ton de *do* b (241.) Or, il suffit ici de supprimer par un bécarre le bémol de *fa,* et il ne reste plus qu'un demi-ton de *fa* ♮ à *sol* b, devenu tonique, avec six bémols à la clef.

302. — Cette règle est absolument la même que celle qui a créé les dièses (222); car les deux opérations ont l'une et l'autre pour objet de créer la sensible de la nouvelle gamme.

303. — Du ton de *sol* b, je monte à celui de sa quinte *ré* b, en supprimant le bémol de *do*. Il ne reste plus que 5 bémols.

304. — Par la même marche, je supprime successivement les autres bémols, et je finis par revenir au ton de *do* naturel, d'où je suis parti pour créer tous les dièses.

Les Bémols et les Dièses dérivent du même principe.

305. — En récapitulant tout ce qui précède, je vois que pour revenir du ton de *do* b à celui de *do* naturel, j'ai supprimé, l'un après l'autre, les bémols de

Fa, do, sol, ré, la, mi, si.

Pour créer les dièses, j'ai suivi le même ordre : *fa* ♯, *do* ♯, *sol* ♯, etc.

En effet, dans le premier cas, supprimer un bémol, c'est hausser la note d'un demi-ton.

Dans le second, créer un dièse, c'est encore élever la note d'un demi-ton. L'effet est par conséquent le même.

306. — Maintenant, pour la suppression des dièses, je suis l'ordre inverse de leur création,

Si, mi, la, ré, sol, do, fa.

Et continuant de descendre de quinte en quinte, les bémols apparaissent dans ce même ordre, parce que, supprimer un dièse, ou créer un bémol, c'est toujours baisser la note d'un demi-ton.

307. — Ainsi, la création des bémols est l'inverse de celle des dièses.

Et la suppression des bémols est aussi l'inverse de celle des dièses.

D'où il suit,

1° Que les dièses sont créés par quintes en montant, et supprimés par quintes en descendant ;

2° Que les bémols sont créés par quintes en descendant, et supprimés par quintes en montant.

308. — Ces observations font voir que les dièses et les bémols dérivent du même principe.

Série des Tons majeurs.

309. — Les gammes majeures, par bémols, et celles par dièses, ayant une même origine, et se trouvant liées par celle de *do* naturel, se succèdent immédiatement, et ne forment qu'une série. On l'a exprimée sur une seule portée (figure 47), qui présente les quinze tons trouvés.

310. — Remarquez, sur cette figure, que ces tons sont tous disposés de quinte en quinte, en montant, depuis celui de *do* b, jusqu'à *do* dièse.

On trouve, à droite de chaque ton (figuré par les dièses ou bémols, et par la *tonique*, note supérieure), le ton auquel on peut monter naturellement; et à gauche, celui auquel on peut descendre.

Ainsi, du ton de *mi* b, je monterai à celui de *si* b, ou je descendrai à celui de *la* b.

Du ton de *ré*, je puis passer à celui de *la* ou de *sol*.

On a déjà observé qu'il existe plusieurs autres transitions simples, que l'on décrira par la suite.

311. — Jusqu'à présent, nous nous sommes livrés exclusivement à l'étude des gammes majeures, afin de bien faire sentir leur parité et leur enchaînement. Nous avons vu qu'on

en compte quinze ; que la nature en offre un nombre bien plus considérable (art. 12) ; mais qu'il faudrait user de doubles dièses et de doubles bémols, qui obligeraient à rentrer sous des formes très-compliquées dans des tons déjà produits, ou du moins tellement rapprochés, qu'ils se confondraient à l'oreille.

312. — Ces quinze tons fournissent à la science des sources considérables de variétés. Néanmoins, le génie de l'homme ne s'en est pas tenu là : tout en écoutant les inspirations de la nature et la délicatesse de son oreille, il a su s'approprier une série d'autres gammes qui, n'étant point disposées comme celles déjà décrites, forment une classe à part, et produisent des effets entièrement différens des premières.

313. — Voici comment on peut se figurer qu'on est parvenu à faire cette découverte, ou plutôt à en tirer le meilleur parti possible ; car les anciens en ont usé par instinct, sans en avoir conclu les règles et les conséquences que les modernes ont établies.

Chapitre 5.

Gammes mineures.

314. — La gamme majeure a été déduite des chants simples, populaires, les plus usités. Dans tous, on a pu remarquer parmi les cordes importantes :

1° Une tonique, basée sur un son quelconque, et son octave à cinq tons et deux demi-tons ;

2° Une dominante à trois tons et demi au-dessus de la tonique;

3° Une sensible à un demi-ton au-dessous de cette tonique;

4° Une sous-dominante à deux tons et demi au-dessus.

Ces intervalles sont ainsi mesurés invariablement dans toutes les gammes usitées, sans exception.

315. — Mais il n'en est pas ainsi de la troisième note de la gamme, qui, comme médiante, est aussi l'une des plus notables.

Placée dans les gammes majeures, à deux tons de la tonique, elle peut, sans inconvénient, descendre d'un demiton; elle se trouve, dans ce cas, à un ton et demi de cette tonique, et, par conséquent, à deux tons de la dominante.

C'est ce qui résulte d'un grand nombre de chants aussi simples, aussi populaires que ceux établis sur des gammes majeures. Tels sont les airs de : *Lise chantait dans la prairie; O ma tendre musette; Ah! laissez-moi* (romance du petit Luc), et une infinité d'autres.

316 — Dans ces chants, la première tierce au-dessus de la tonique étant d'un ton et demi seulement, donne à la gamme le nom de *mineure*.

Ce changement produit un effet bien différent de celui des gammes majeures, et cela, sur-tout, parce que celles-ci ont leur première tierce de deux tons (1).

317. — Puisque, dans les chants mineurs, la médiante n'occupe plus la place qu'elle avait dans les majeurs, les gammes ne se ressemblent pas, et elles ne pourraient se suppléer mutuellement.

____

(1) Voir note D.

Ton de LA *mineur, relatif de* DO *majeur.*

318. — Pour trouver une gamme mineure, suivons une marche analogue à celle qui, du ton de *do*, nous a fait passer à celui de *sol.* (Art. 221 et suiv.)

A cet effet, je mêlerai aux batteries *do, mi, sol,* celles de *la, do, mi,* qui conservent les sons *do, mi* de l'accord parfait, et j'écarterai peu à peu la dominante *sol.* En répétant fréquemment le son de *la,* et en joignant *si, ré, fa* à *la, do, mi,* l'oreille oubliera que *do* est la tonique, parce qu'elle n'a plus de dominante, et qu'au contraire, la note *la* en a acquis une, qui est *mi,* à trois tons et demi au-dessus.

Le *la* va donc devenir tonique, et c'est si vrai, que si vous revenez au son *sol,* ce *sol* naturel précédant *la* paraîtra choquant. Il faut absolument qu'il soit dièsé, et dès lors il forme la sensible de *la,* qui devient tonique par la seule addition du dièse de *sol.*

319. — J'avais déjà obtenu une gamme majeure basée sur le même son *la* (242); mais celle-ci porte trois ♯ (*fa, do, sol*). La nouvelle gamme n'a que le *sol* ♯. Ces deux tons, quoique basés l'un et l'autre sur *la,* ne sont donc pas identiques.

320. — Pour m'en assurer, je pourrais comparer ces deux gammes entre elles; mais celle majeure, qui a trois dièses, a été calquée sur celle de *do,* comme type de toutes les autres. Cette dernière lui étant par conséquent égale, peut me servir de point de comparaison. J'aurai par ce moyen la facilité de juger quels sont, d'une part, les rapports semblables entre la gamme de *do* et celle de *la,* portant *sol* ♯; et de l'autre, quelles différences existent entre elles.

GAMME MAJEURE.

$$\text{Do} - - \text{ré} - - \text{mi} \overset{1/2}{-} \text{fa} - - \text{sol} - - \text{la} - - \text{si} \overset{1/2}{-} \text{do.}$$

GAMME MINEURE.

$$\text{La} - - \text{si} \overset{1/2}{-} \text{do} - - \text{ré} - - \text{mi} \overset{1/2}{-} \text{fa} - - \text{sol} \sharp \overset{1/2}{-} \text{la.}$$

321. — *Similitude :*

1° Octaves complètes ;

2° Dominantes à trois tons et demi de leur tonique ;

3° Sensibles à un demi-ton au-dessous de la tonique ;

4° Les sous-dominantes à deux tons et demi au-dessus de leur tonique respective.

Ce qui s'accorde avec la règle établie à l'art. 314.

322. — *Différences :* La différence entre une gamme majeure et une mineure, consiste tout entière dans la tierce et la sixte de la tonique, qui, l'une et l'autre, sont à un demi-ton plus bas en mineur qu'en majeur.

323. — Cette disposition suffit pour établir d'autres différences notables que voici :

1° La gamme majeure n'a que deux demi-tons.

Celle mineure en a trois (*si do*, *mi fa*, *sol* ♯ *la*).

2° En *do*, la première tierce est majeure ; la seconde mineure.

En *la*, c'est l'inverse.

3° En *do*, il y a un ton et demi de la sus-dominante *la* à la tonique supérieure *do*.

En *la*, cet intervalle est de deux tons : de *fa* à *la*, tierce majeure.

4° Enfin, dans la gamme mineure, il y a un ton et demi de la sus-dominante *fa* à la sensible *sol* ♯.

Cet intervalle de seconde, dit *augmenté* (1), ne se trouve point dans les gammes majeures; le plus grand n'y est que d'un ton, et le plus petit d'un demi-ton. (82)

324. — Ainsi, cette nouvelle gamme, basée sur *la*, ne diffère de celle de *do*, pour le son des notes, que par le *sol* ♯, et cependant, par la disposition de ses cordes, elle offre d'autres différences remarquables et faciles à saisir, celles énoncées ci-dessus.

325. — Quoi qu'il en soit, l'oreille se plaît à entendre les chants basés sur une gamme mineure, autant et plus quelquefois que ceux en majeur. Ces derniers sont généralement plus gais, plus décidés; les autres plus tendres, plus plaintifs; effet que l'on doit rapporter, tant à la première tierce mineure qu'à la présence des trois demi-tons, et aux intervalles augmentés et diminués.

Aussi la gamme mineure est-elle employée principalement pour émouvoir et attendrir le cœur : elle inspire la mélancolie et les passions douces; elle produit une impression plus molle, plus triste, plus sensible que les chants majeurs.

Tons relatifs principaux.

326. — Les deux tons de *do* majeur et de *la* mineur sont dits *relatifs* l'un de l'autre, comme ayant entre eux des relations très-marquées, tant pour le son des notes qui sont com-

---

(1) Un intervalle est dit *augmenté*, quand il porte un demi-ton de plus que dans la gamme naturelle.

Il est *diminué*, s'il porte un demi-ton de moins.

Cette observation s'applique à tous les intervalles : d'où il suit que si un intervalle est augmenté, il y en a un autre, complétant l'octave, qui est diminué, et réciproquement.

munes à l'un et à l'autre, que pour l'accord parfait, dont deux notes *do* et *mi* appartiennent à tous deux.

327. Toutes les gammes majeures ayant les mêmes propriétés que celle de *do*, il s'ensuit naturellement que chacune d'elles doit avoir une gamme mineure relative.

328. — Il y a donc autant de gammes mineures que de majeures, et par conséquent, il existe deux manières bien distinctes de chanter, l'une en *majeur*, l'autre en *mineur*. Ces deux manières se nomment *Modes* (majeur ou mineur). Nous reviendrons sur cet objet.

Moyens de distinguer un Ton mineur de son relatif majeur.

229. — La musique écrite dans le ton de *do* majeur, et celle en *la* mineur, ne portent à la clef ni dièse ni bémol. Il importe cependant de savoir parfaitement distinguer à la vue le ton dans lequel on va chanter.

330. — Puisque celui de *la* mineur diffère de l'autre par le dièse de *sol*, il eût suffi d'inscrire *avant la clef* ce signe ♯, qui est celui de la sensible, de même qu'on l'a écrit *après la clef*, pour les tons majeurs (229). L'usage ne l'a point encore autorisé définitivement, quoique plusieurs méthodes l'aient depuis long-temps adopté. La routine a conservé ce qui fut créé dans le principe de l'art. On ne reconnaissait point alors de ton mineur entièrement séparé du ton majeur; on ne l'employait guère que par transition dans le courant des morceaux.

331. — La clef ne porte donc pour le ton de *la* mineur d'autre signe que pour celui de *do* majeur; c'est-à-dire qu'ils n'en ont aucun.

332. — On sait comment, à l'inspection de la clef, on peut trouver une tonique majeure.

« Pour avoir la tonique mineure relative, il suffit de des-
» cendre d'un ton et demi. »

Cette règle est sans exception.

333. — Toute clef affectée d'un ou plusieurs signes, indique, soit un ton majeur, soit un ton mineur relatif; et puisque la tonique de celui-ci est toujours à un ton et demi au-
dessous de celle majeure, il faut d'abord s'assurer de cette
dernière.

334. — N'ayant aucun signe à la clef, j'ai besoin de savoir
si je suis en *do* ou en *la*; je cherche, dans les premières lignes,
si la dominante *sol* (du majeur *do*), est naturelle ou diésée.

S'il y a un *sol* ♯, sensible de la tonique *la*, et sur-tout si ce
sol ♯ se trouve *répété*, nul doute que je chante en *la* mineur,
parce que ce dièse n'appartient point à la gamme de *do* (1).

Lorsque le *sol* ♯, en montant la gamme, ne se rencontre
pas, j'en conclus que le chant est en *do* majeur; ce dont je
m'assure, en remarquant si la dominante *sol* naturel est souvent répétée avec les autres notes de l'accord parfait majeur.

335. — On peut encore examiner si le *la* est la première
note du chant. On serait en mineur, parce que le chant et la
basse commençant presque toujours par l'accord parfait (2), le
la est étranger à celui de *do*.

(1) Cette règle n'offre d'exception que dans le cas extrêmement rare
où la sensible du mineur n'est pas employée.

(2) Peu d'exemples sont contraires à ce principe. Encore y revient-
on immédiatement, attendu que l'oreille a besoin d'être fixée promptement sur le ton qu'on veut lui faire entendre.

Lorsque le chant débute par *sol*, on est en *do*, par le même motif, puisque *sol* n'entre pas dans l'accord de *la*, lequel est *la, do, mi.* (1)

336. — L'on peut aussi, dans les chants en *la* mineur, rencontrer le *fa* ♯ accidentel, en montant la gamme, indépendamment du *sol* ♯ qui, étant caractéristique, est très-rarement absent. Ce *fa* ♯ ne change pas le ton ; il sert quelquefois à diminuer l'intervalle augmenté de *fa* à *sol* ♯ (un ton et demi) (323—4°).

Ces indications doivent suffire pour s'assurer généralement si le ton est mineur ou majeur.

Lorsqu'il y a quelque doute, la dernière note indique la tonique. (2)

337. — Il vient d'être dit que dans la gamme mineure de *la*, le *sol* ♯ et le *fa* ♯ se trouvent quelquefois écrits dans les passages ascendans, ce qui sous-entend qu'ils ne le sont pas dans les gammes descendantes: Cette remarque est exacte ; en voici la raison :

338. — Les notes des gammes majeures ne varient point (si l'on ne change de ton), soit que l'on monte, soit que l'on descende (80). Il n'en est pas ainsi des gammes mineures.

339. — Dans celle de *la*, le *sol* ♯ laisse, de *fa* à ce *sol* ♯, un intervalle d'un ton et demi : pour l'éviter, la voix est portée naturellement à dièser le *fa* Les instrumens qui, en général, ne sont que l'imitation de la voix, en font autant ; dès lors, la distance de *fa* ♯ à *sol* ♯ n'étant plus que d'un ton, l'intervalle est plus doux et plus facile à solfier.

(1) Voir note E».
(2) Voir note F».

340. — Mais en descendant la gamme, le dièse du *sol* n'est pas aussi indispensable, puisqu'il n'annonce plus la tonique : on peut donc le supprimer ; alors le dièse du *fa* est également retranché, comme inutile, la distance du *sol* au *fa* inférieur n'étant plus que d'un ton.

341. — Concluons de là que la gamme mineure en descendant, n'est pas la même qu'en montant : dans ce dernier cas, elle peut avoir deux cordes altérées de plus que le ton majeur relatif ; et au contraire en descendant, elle est toute pareille au ton majeur. C'est principalement pour cela que la gamme de *la* se nomme *gamme naturelle mineure*. (Figure 48.)

342. — Toutefois, comme les deux cordes qui peuvent être altérées, en montant une gamme mineure, ne le sont pas constamment, on est convenu de ne les affecter du signe nécessaire que dans les cas où le chant l'exige.

343. — Toutes ces remarques sur la gamme mineure de *la* sont évidemment applicables à celles par dièses ou bémols que nous allons trouver.

344. — Pour abréger, examinons le résultat obtenu :

La tonique mineure *la* devant avoir une sensible, il a fallu hausser la note au-dessous, *sol*.

Or, quel était le *sol* dans la gamme majeure relative, et aussi quel était le *la* devenu tonique ? — Le *sol* était dominante, et le *la* sus-dominante du ton de *do*.

345. — La formule sera donc celle-ci :

« Pour passer d'un ton majeur au ton relatif mineur, on élève d'un demi-ton la dominante du majeur, et l'on prend pour tonique la sus-dominante. »

9

Ton de MI *mineur,* relatif *de* SOL *maj.,* } 1 dièse à la clef.

346. — Appliquant ce principe au ton majeur de *sol,* qui est le premier créé par dièse, je vois que sa dominante est *ré,* que je dois dièser. La note au-dessus est *mi,* qui devient tonique mineure, et qui se trouve effectivement d'un ton et demi au-dessous du *sol* tonique majeure. (332)

347. — La clef du ton de *sol* majeur porte un seul dièse, celui de *fa.*

Le ton de *mi* mineur ne portera aussi que ce même *fa* ♯, sans avoir égard au *ré* ♯, qui caractérise le ton mineur; on n'exécutera celui-ci que quand il sera écrit, ainsi que *do* ♯ accidentel, qui évite l'intervalle augmenté de *do* ♮ à *ré* ♯.

348. — La gamme mineure de *la,* pouvant servir de type en mineur, comme celle de *do,* a servi en majeur: je comparerai les deux gammes de *la* et de *mi* mineur.

La — — si ^½ — do — — ré — — mi — fa ^½ — — — sol ♯ — la.

Mi — — fa ♯ — sol — — la ^½ — — si — do — — — ré ♯ — mi.

Toutes les deux sont également disposées et parfaitement semblables; elles peuvent, par conséquent, se suppléer l'une l'autre.

On peut observer que dans la gamme de *mi,* le *sol* n'est pas dièsé comme dans celle en *la,* parce qu'elles ne dérivent pas l'une de l'autre, ainsi qu'il est arrivé pour la création des dièses et des bémols. (238)

349. — Les deux tons relatifs, *sol* majeur et *mi* mineur, se distinguent de la même manière qu'on l'a fait pour les tons de *do* et de *la.* (329)

Si le ton est en *mi* mineur, je dois, dans les premières mesures, trouver le dièse de la sensible, c'est-à-dire *ré* ♯, et peut-être de plus *do* ♯ en montant (336)

Autres Tons mineurs par Dièses.

350. — En continuant de la même manière à rechercher les tons mineurs relatifs de ceux majeurs, portant des dièses à la clef, on trouvera les tons suivans : (345)

1° De *si* mineur, relatif de *ré* majeur (2 ♯);

2° De *fa* ♯ mineur, relatif de *la* majeur (3 ♯);

3° De *do* ♯ mineur, relatif de *mi* majeur (4 ♯).

351. — Vient ensuite le ton de *sol* ♯, relatif de *si* majeur, lesquels portent cinq dièses à la clef.

Une singularité, qui toutefois se déduit du principe général, exige pour ce ton mineur une observation essentielle.

La tonique mineure *sol* ♯ ayant sa sensible à un demi-ton au-dessous, je remarque que la note est un *fa* ♯, corde de la gamme majeure *si*. De *fa* ♯ à *sol* ♯ tonique mineure, il y a un ton : il faut donc que je double le dièse de *fa*, pour en faire la sensible.

352. — On voit par là que les doubles dièses, pour former les gammes mineures, arrivent avant que l'on ait épuisé les tons majeurs par simples dièses.

La gamme de *sol* ♯ mineur sera :

Sol♯ — — la♯ — si —, — do♯ — — ré♯ — mi — — — fa X — sol♯.

353. — On sait que les doubles dièses ne s'écrivent point ordinairement à la clef, et que, d'ailleurs, les tons mineurs n'y sont nullement distingués des tons majeurs relatifs.

Le ton de *sol* ♯ mineur ne portant, dès lors, que les cinq dièses du relatif majeur *si*, le *fa* X ne s'exécute évidemment que lorsqu'on le trouve écrit.

354. — Le ton de *ré* ♯ mineur, qui a six dièses à la clef, comme celui de *fa* dièse majeur, son correspondant, donne lieu aux mêmes remarques que le ton mineur de *sol* ♯.

En effet, la tonique mineure *ré* ♯ doit avoir pour sensible *do* X ; sans cela, il y aurait un ton entier entre *do* ♯ et *ré* ♯.

355. — Même observation pour le ton mineur de *la* ♯, relatif de *do* ♯ majeur ; la sensible *sol* de la tonique *la* ♯ doit être doublement dièsée.

La clef, pour les deux tons, reste armée des sept dièses.

(Voir à la Figure 47 les divers tons relatifs avec dièses.)

Tons mineurs avec Bémols.

356. — Une gamme mineure est dérivée de chaque gamme majeure portant des dièses. Le même résultat doit être obtenu de toute autre, portant des bémols en majeur. La formule tracée (345) sera également applicable à ce nouveau cas.

Ton de RÉ *mineur,* relatif de FA *majeur,* } 1 bémol à la clef.

357. — Le ton majeur de *fa* porte un bémol qui est *si* b. Sa dominante est *do*, qui, étant dièsé, devient sensible de *ré* tonique mineure. Cette dernière note est à un ton et demi au-dessous de *fa* : *ré* est donc le ton relatif mineur.

358. — Il devrait porter à la clef *si* b et *do* ♯, note caractéristique ; mais on sait que l'usage ne permet pas d'écrire à la clef le signe de la sensible d'un ton mineur. On n'y trouve donc que le *si* b, comme pour le ton majeur *fa*.

Ainsi, le *do* ♯ n'est marqué que dans les mesures où il doit être exécuté. Alors il peut se trouver réuni à *si* b , et l'on voit, dans ce cas, dièse et bémol dans la même mesure (289), sans changer de ton.

359. — La gamme de *ré* mineur sera :

Ré — — mi — fa — — sol — — la — si *b* — — — do ♯ — ré.

qui est absolument semblable à celle de *la* mineur.

360. — On a vu que la gamme de *la* mineur porte un dièse (*sol* dièse) de plus que celle de *do* majeur (324.) De même, dans la gamme de *ré* mineur, le dièse de *do*, devenu sensible, représente ce dièse en plus, que n'a pas la gamme majeure relative, *fa*.

361. — Ces deux tons relatifs se reconnaîtront , soit par la sensible *do* dièse (et *si* bécarre accidentel), soit par les accords parfaits dans les premières mesures, etc., ainsi qu'on l'a indiqué pour les tons de *do* majeur et de *la* mineur (334.)

Ton de SOL *mineur, relatif de* SI *b maj.,* } 2 bémols à la clef.

362. — En continuant la même marche, je dièse *fa*, dominante de *si* b majeur, et je prends *sol* pour tonique mineure relative.

La clef portant deux bémols, l'un d'eux pourra se rencontrer avec le *fa* dièse, caractéristique de *sol* mineur (289.)

Ton de DO *mineur, relatif de* MI *b maj.,* } 3 bémols.

363. — Même procédé pour le ton de *do* mineur relatif de *mi* b majeur. Il faut seulement observer que la sensible de

do doit être *si* ♮. En effet, la dominante en *mi* b était *si* b; pour en faire la sensible de *do* en mineur, je dois élever ce *si* b d'un demi-ton (345), c'est-à-dire supprimer le bémol.

La gamme de *do* mineur sera donc :

Do — — ré — mi *b* — — fa — — sol — la *b* — — — si — do.

364. — Il en résulte que la gamme de *do* mineur a, en réalité, un bémol de moins que celle de *mi* b majeur qui en a trois. Néanmoins, les trois bémols s'écrivent à la clef pour les deux tons, parce que, dans le mineur, le *si* est souvent bémol (341), et que ce ton est le relatif de *mi* b majeur, dont il conserve tous les signes (333).

365. — Ce bémol en moins n'est point une particularité affectée au ton de *do* mineur, plus qu'à tout autre; c'est toujours la conséquence du principe qui donne à un ton mineur un dièse de plus qu'au ton majeur relatif (324); car, *mi* b portant trois bémols, si j'en supprime un (celui de *si*), c'est comme si je créais un dièse, puisque l'une et l'autre opération haussent la note d'un demi-ton.

La gamme de *do* mineur a par conséquent un dièse de plus que son relatif majeur, ou ce qui est évidemment la même chose, elle a un bémol de moins.

366. — Je trouverais, par le même moyen, les tons mineurs de :

Fa mineur ayant quatre bémols à la clef, comme relatif de *la* b majeur (l'un d'eux, *mi* b, devient *mi* ♮, comme sensible mineure).

Si b mineur, cinq bémols à la clef, relatif de *ré* b majeur (le *la* b devient *la* ♮).

Mi b mineur, six bémols à la clef, relatif de *sol* b majeur (le *ré* b devient bécarre).

La b mineur, sept bémols à la clef, relatif de *do* b majeur (*sol* b devient *sol* ♮).

367. — Dans chacun de ces tons mineurs, il y a, pour l'exécution, un bémol de moins que dans le majeur relatif, ce qui est l'équivalent d'un dièse de plus, en conformité du principe.

368. — En récapitulant le nombre des gammes mineures trouvées, nous voyons qu'il en existe quinze, c'est-à-dire autant que de majeures, ce qui devait être.

La série de tous les tons mineurs est indiquée à la figure 47, par la note inférieure, comme le sont les tons majeurs, par la note supérieure. Ce sont les toniques relatives.

On y verra que les tons mineurs s'élèvent de quinte en quinte, depuis *la* b, jusqu'à celui de *la* dièse, de même que les tons majeurs (309.)

Octave contenant 12 toniques.

369. — Nous venons de compter quinze gammes majeures et quinze mineures. Cependant, la gamme n'a paru divisible qu'en douze demi-tons par les dièses et aussi par les bémols. (Articles 258 , 287). On devrait en conclure qu'au lieu de quinze gammes dans chaque mode, nous ne saurions en établir plus de douze, puisque la gamme ne donne que ce nombre de sons, c'est-à-dire douze toniques.

C'est en effet le nombre qu'admet la pratique ; en voici la raison ;

370. — A l'exécution le ton de *ré* b majeur, qui porte cinq bémols, est le même que celui de *do* ♯, avec sept dièses, parce que les instrumens rendent le même son pour *do* ♯ et *ré* b. Les autres notes de ces deux gammes se confondent

aussi en les comparant une à une. Il y a donc ici double emploi, quant à la pratique. (Figure 47. — Voir A. et A').

De même, le ton de *do* b majeur, et celui de *si* ♮, forment deux tons, qui en résultat n'en font qu'un à l'exécution. C'est encore un double emploi. (Figure 47. — Voir B. et B').

Enfin, *sol* b et *fa* ♯ majeur, servent de base à deux tons qui se confondent, comme les précédens. (Figure 47. — Voir C. et C').

J'ai par conséquent en double emploi trois tons majeurs, qui, déduits de quinze, ne laissent que douze tons, basés chacun sur un son de la gamme, divisée en demi-tons, soit par dièses, soit par bémols.

371. — Le même raisonnement est applicable aux quinze gammes mineures, car les toniques de celles-ci ont pour bases les mêmes sons que les majeures.

Je remarque, en effet, qu'en mineur,

1° Le ton de *si* b, forme double emploi avec celui de *la* ♯. (Voir A. A', figure 47);

2° Le ton de *la* b avec celui de *sol* ♯;

3° Le ton de *mi* b avec celui de *ré* ♯.

Déduction faite, il reste douze tons mineurs.

372. — Chaque instrument n'a donc à étudier que douze gammes majeures et douze mineures, pour exécuter les quinze tons écrits en chaque mode, l'un au naturel, et les autres avec les dièses ou les bémols; car, si l'on connaît bien la gamme de *ré* b majeur, on doit exécuter sans peine celle de *do* ♯, les sons se trouvant être les mêmes, et il n'y aurait aucun inconvénient à se figurer que la clef est armée de cinq bémols, au lieu des sept dièses du ton de *do* ♯.

Il en est nécessairement ainsi des autres tons, qui se confondent à l'exécution.

Nous verrons dans la seconde partie que la voix a beaucoup moins de gammes à étudier que les instrumens, pour chanter dans tous les tons.

.373. — Il devrait être inutile de rappeler que les tons en double emploi ne s'écrivent pas indifféremment l'un pour l'autre, sur-tout quand on y arrive par transition.

De *fa* ♯ majeur, par exemple (figure 47), si vous passez au ton de la quinte supérieure *do* ♯, vous devez, pour celui-ci, trouver à la clef sept dièses et non les cinq bémols qu'exigerait le ton de *ré* b, quoique les toniques *ré* b et *do* ♯ donnent en résultat le même son, et que les deux gammes soient identiques pour l'exécution.

Cette observation est la conséquence de la règle tracée pour passer d'un ton à celui de la quinte au-dessus ou au-dessous, suivant le tableau général des quinze tons. (Art. 310).

374. — Finalement, la *pratique* n'admet en réalité que douze tons majeurs et douze mineurs, pareils à la gamme de *do*, pour les premiers, et à celle de *la*, pour les seconds.

375. — Il n'existe donc que vingt-quatre gammes, toutes différentes les unes des autres, soit sous le rapport de l'élévation du son de la tonique, soit sous celui des modes majeur ou mineur.

Ce nombre de vingt-quatre tons peut donner une idée des ressources immenses et inépuisables que sait trouver un savant compositeur, si l'on fait attention sur-tout que chaque ton lui offre sept octaves, pour développer et varier ses chants, ainsi que les parties de l'harmonie qu'il y rattache.

Chapitre 6.

Des Pauses.

376.— Les sons ne se succèdent pas toujours sans interruption ; il y a dans le chant des repos , des suspensions, comme
dans un discours ; on observe aussi des silences plus ou moins
longs, lorsque plusieurs voix ou instrumens se font entendre
ensemble. Dans ce cas, il arrive souvent que les uns doivent,
pendant quelques instans, cesser tout à fait leurs chants, lorsque les autres continuent.

377. — Pour fixer la durée de ces silences, qui peuvent
être d'une mesure ou de plusieurs, d'une demi-mesure, d'un
temps et même moins, il a fallu créer des signes qui tinssent la
place des notes. Par ce moyen, l'exécutant peut se retrouver
avec les autres musiciens, lorsqu'il doit de nouveau se joindre à
eux.

Quatre mesures de silence sont représentées par une barre
perpendiculaire qui descend de la quatrième ligne à la seconde.

S'il y en a un grand nombre, les barres de quatre mesures
sont posées deux à deux, et touchent, les unes la quatrième
ligneet la deuxième ; les autres la cinquième et la troisième ;
le nombre des mesures à compter est exprimé en chiffres,
au-dessus.

Souvent, au lieu de nombreuses barres perpendiculaires, on en tire deux obliques seulement. Le chiffre qui s'écrit au-dessus indique suffisamment le nombre des mesures à compter. (Fig. 49.)

Deux mesures de silence sont figurées par une barre comprise entre la quatrième et la troisième ligne.

378. — *Une seule mesure* a pour signe une petite barre horizontale très-courte, laquelle touche le dessous de la quatrième ligne. (Fig. 49.)

Ce signe se nomme *pause* et s'applique, ainsi que ceux ci-dessus, à toutes les mesures, qu'elles soient composées d'une ronde, d'une blanche, d'un 6/8, ou autres valeurs.

Une demi-mesure s'écrit dans le même cas, avec une barre semblable, qui touche la troisième ligne en dessus.

Ce signe prend le nom de *demi-pause*.

379. — Les signes de silence ont dû nécessairement être étendus à toutes les valeurs des notes, et varier comme elles, suivant leurs subdivisions. (Fig. 50.)

Ainsi la ronde est représentée par la *pause* indiquée ci-dessus.

Une *blanche*, par la *demi-pause*.

Une *noire*, par le signe ⸯ nommé *soupir*.

Une *croche*, par. . . . . ⸹ *demi-soupir*.

Double-croche . . . . . . ⸹ *quart de soupir*.

Triple-croche. . . . . . . ⸹ *huitième de soupir*.

Quadruple-croche. . . . ⸹ *seizième de soupir*.

380. — On sait qu'un point ajouté à une note en prolonge le son de moitié en sus. (Art. 178.) De même, en ajoutant un point à un signe de silence, ce point sert au même usage pour le prolonger.

Une demi-pause pointée, égale en silence la valeur d'une blanche pointée ou d'une blanche et une noire. (Fig. 51.)

Un soupir pointé vaut une noire pointée.

Un demi-soupir pointé vaut une croche-pointée.

Assez ordinairement, au lieu de pointer les silences, on les indique par leurs valeurs réelles; c'est-à-dire que pour une demi-pause pointée, on écrit la demi-pause, puis un soupir. Au lieu d'un soupir pointé, on écrit un soupir et un demi-soupir. (Fig. 51.)

381. — Même remarque, lorsque les signes de silence sont affectés de deux points, comme on l'a vu pour les notes. (Art. 179.)

Tons divers dits relatifs.

382. — Nous n'avons reconnu comme *tons relatifs* que le majeur et le mineur, qui, à la distance d'une tierce mineure, portent à la clef les mêmes signes. (Art. 326.) Mais il a été dit aussi qu'il existait plusieurs tons dans lesquels le chant pouvait passer d'une manière simple et facile, en sortant du ton primitif. Ce sont en général ceux dont les cordes ont le plus de rapports avec celles de la gamme que l'on quitte, et par conséquent qui présentent le moins de notes différentes, ou dont les chants ont le plus de relations entre eux, par l'emploi de celles de l'accord parfait. Il s'ensuit, dans ces divers cas, que l'oreille trouve peu étranges les modifications introduites, et qu'elle les adopte dès que la nouvelle tonalité est établie.

383. — Ces divers tons sont également dits *relatifs;* mais ils le sont à un degré plus ou mains rapproché. On juge com-

bien il est important de savoir les distinguer, si l'on veut se rendre compte des changemens qui se présentent fréquemment dans les morceaux de longue haleine, et même dans des chants de peu d'étendue, tels que les romances, les nocturnes, les contredanses, etc.

384. — Nous connaissons déjà trois de ces tons relatifs, savoir, en prenant *do* majeur pour ton primitif :

La mineur relatif principal (mêmes signes à la clef).

Sol majeur, qui n'a qu'un ♯ de plus à la clef;

Fa majeur, qui ne prend qu'un bémol de plus.

Il faut y ajouter le ton de *do* mineur qui, à la vérité (comme relatif principal de *mi* b, majeur), a trois bémols à la clef; mais ce ton mineur est basé sur la même tonique *do*, et il a de plus en commun la dominante *sol*; or, l'on sait que ces deux notes sont les plus essentielles : les chants de l'une et de l'autre gamme auront donc beaucoup d'analogie, à cause des deux sons principaux et des autres notes qui restent communes, parmi lesquelles il faut compter *si*, qui, comme sensible, perd son bémol au-devant de la tonique *do*.

Le ton de *mi* mineur (relatif principal de *sol*), a aussi en commun deux notes, *mi*, *sol*, de l'accord parfait. Ce sera par conséquent encore un nouveau relatif, mais plus éloigné que les précédens, en raison de l'altération de plusieurs de ses cordes.

Le ton de *ré* mineur (relatif de *fa* majeur), doit de plus être classé parmi les relatifs secondaires de *do*; mais comme le précédent (*mi* mineur), il est rarement employé, parce qu'il n'y a aucune note commune dans les accords parfaits, et que *ré* mineur offre plusieurs cordes altérées.

385. — De ces détails, on peut conclure :

Qu'il y a six tons relatifs dont quatre sont très-rapprochés;

10

Qu'un ton est relatif d'un autre :

1° Lorsqu'à la clef il a les mêmes signes. C'est le relatif principal.

2° Lorsqu'il porte à la clef un dièse ou un bémol de plus ou de moins.

3° Lorsqu'il est basé sur la même tonique.

386. — Les tons relatifs sont ceux dans lesquels les compositeurs entrent le plus souvent. Des relevés minutieux ont été faits pour savoir quels sont ceux auxquels les grands auteurs ont consacré le plus de mesures. On a trouvé qu'après le ton principal, qui occupe toujours le plus grand nombre, et auquel on revient de temps en temps, le ton de la dominante était le plus employé ; puis le mineur de la tonique ; le ton majeur de la sous-dominante et le mineur de la sixte (relatif principal).

Viennent ensuite quelquefois des tons majeurs qui ne sont point relatifs ; et enfin les mineurs de la tierce et de la seconde (qui sont les relatifs directs de la dominante et de la sous-dominante).

387. — Appliquant ces calculs au ton de *do*, on voit que les tons relatifs, dans l'ordre de l'utilité, sont *sol* majeur, *do* mineur, *fa* majeur, *la* mineur ; puis *ré* mineur et *mi* majeur.

Il en serait ainsi des relatifs de tout autre ton majeur primitif.

388. — Si le ton principal est mineur, ceux secondaires les plus usités sont : le majeur de la tonique ; le majeur de la tierce (relatif principal) ; le mineur de la quarte ; le mineur de la quinte ; le majeur de la sixte.

En partant de *la* mineur ce sera donc : *la* majeur ; *do* majeur ; *ré* mineur ; *mi* mineur ; *fa* majeur.

389. — Telle est la marche généralement suivie. Elle prouve combien il peut être utile de se rendre familière, au moins pour les tons le plus fréquemment employés, la connaissance des principales gammes qui leur sont relatives. C'est le moyen de reconnaître promptement les divers tons dans lesquels on entre ; et cette nomenclature, qui peut être établie sans beaucoup de peine, procure à un élève zélé un résultat satisfaisant, en ce qu'il constate les connaissances acquises et facilite chez lui l'exécution.

390. — Pour distinguer les relatifs entre eux, il faut faire l'application d'une partie des indications et principes répandus ici dans divers articles. (Voir les n°ˢ 230, 259, 274, 332, etc.) L'analyse progressive des leçons de solfège facilite beaucoup cette étude importante.

391. — Quelquefois, mais assez rarement, un auteur, pour produire des effets inattendus et tranchans, adopte des tons qui, n'étant point relatifs, s'écartent plus de la gamme principale que ceux indiqués ci-dessus. Il devient souvent assez difficile de le suivre dans ces cas particuliers, qui sortent de la règle générale. On y parvient par la réflexion et une longue habitude. Quelques indices seront donnés plus tard pour aider cette recherche.

Modes. — Modulations.

392. — On a vu que la série des gammes majeures formait le mode majeur, et que celle des tons mineurs constituait le mode mineur. (Art. 328).

Dans l'un et l'autre cas, c'est principalement l'accord parfait qui détermine le mode (1).

393. — On sait qu'il est facile de passer d'un mode à l'autre, c'est-à-dire d'un ton majeur à un mineur ou réciproquement (2), et aussi d'un ton majeur à un autre majeur. Il est plus rare d'entrer dans un ton mineur, en sortant d'un autre mineur, parce que les tons majeurs sont plus dans l'ordre simple et naturel, puisqu'ils n'exigent en général que l'altération d'une note, tandis que les mineurs, même les plus rapprochés, ont deux cordes altérées dans les gammes ascendantes.

394. — Ces passages divers d'un ton à un autre forment des transitions, et si le compositeur s'y arrête pendant quelques mesures, ce sera une *modulation*.

395. — Mais il arrive souvent que l'on n'emprunte que passagèrement une note étrangère, et que l'on revient immédiatement au ton primitif : alors on est censé ne l'avoir pas quitté, et la note d'emprunt n'indique qu'une demi-transition ou un simple agrément de chant.

396. — Dans le cas de transition ou de demi-transition, la note d'emprunt, qui est toujours d'un demi-ton (en montant ou en descendant), est dite *chromatique*, mot qui signifie *coloré*, changement de couleur ou de ton.

(1) Ce terme *mode* signifie en général manière d'être : en musique, cette manière consiste à chanter en majeur ou en mineur.

(2) On peut changer de mode sans changer de ton ; par exemple, en passant de *do* majeur en *do* mineur, ou de *la* mineur en *la* majeur. Dans ces deux exemples, la tonique reste la même et les modes sont différens.

Ainsi, en sortant du ton de *do*, le *fa* dièse qui nous fait passer en *sol* est une note chromatique. Le *sol* dièse qui amène le ton de *la* mineur est chromatique. Il en est de même du *si* b qui donne le ton de *fa* majeur.

Par la même raison, pour revenir de ce ton de *fa* à celui de *do*, le *si* ♮ (que je substitue à *si* b), est chromatique, parce qu'il ne fait pas partie des cordes de *fa* que l'on quitte.

397. — Arrivé au nouveau ton quel qu'il soit, l'auteur est libre de parcourir, à volonté, les cordes de cette gamme, mais sans les mêler à celles d'une autre, par la raison que l'unité de ton est exigée par l'oreille.

398. — Cette station dans le ton nouveau, est ce qu'on nomme plus particulièrement *modulation*. Dès qu'on l'abandonne, il y a de rechef transition, et l'on peut moduler encore dans un autre ton ou dans plusieurs successivement; mais toujours pour revenir au premier, pour lequel l'oreille conserve une prédilection marquée.

C'est par ce motif que tous les chants modernes, comme on l'a déjà fait observer, finissent, avec une préparation convenable, par la première tonique adoptée. Sans cela, la conclusion ne paraîtrait pas suffisante. Quelquefois le début est en majeur et la finale en mineur ou réciproquement. Mais en général, le chant et sur-tout la basse, ont pour dernière note le son même (ou sa réplique) qui a servi de base au premier ton.

On peut donc commencer en *la* majeur, et terminer en *la* mineur; ou débuter par *sol* mineur, et finir par *sol* majeur, etc. Il y a bien peu de morceaux qui s'écartent de cette règle.

399. — Il suit de ce qui précède que le terme *modulation* ne signifie pas en réalité changement de mode, puisque l'on

peut moduler sur plusieurs tons majeurs sans passer à un mineur ; il en est de même de ces derniers.

400. — Moduler, c'est chanter dans une autre gamme que celle choisie pour ton principal. Autrefois chaque ton portait le nom de mode : on disait mode de *sol* majeur, mode de *fa*, de *ré* ; ou mode de *la* mineur, de *sol* mineur. C'est de là qu'est venue l'expression générale de modulation, que l'on a conservée peut-être à tort, puisqu'elle n'exprime pas toujours le changement de mode proprement dit.

401. — Du ton de *do*, on arrive sans peine à celui de *sol*, et de *sol* au ton de *ré*. Mais du ton de *do*, si l'on voulait prendre de suite celui de *ré*, il faudrait un peu plus d'art, plus de science, quoique la tonique *ré* ne soit qu'à un ton au-dessus de *do*. Le motif est que l'oreille demande des ménagemens ; qu'ayant présentes les cordes de la gamme de *do*, elle s'y attache et ne supporte pas, sans quelque surprise, la substitution immédiate de plusieurs autres cordes. Or, en passant de *do* en *sol*, le *fa* seul est devenu dièse ; pour passer de *do* en *ré*, il faut deux dièses, *fa* et *do*, parce que l'on a franchi la modulation intermédiaire, celle de *sol*. (Fig. 47.)

402. — La même difficulté se présenterait, si du ton de *do* on voulait entrer immédiatement dans celui de *si* b, tonique qui n'est, comme *ré*, qu'à un ton de *do*. Il faudrait (en franchissant le ton de *fa*, intermédiaire) altérer deux cordes de la gamme de *do*, celles de *si* et de *mi*, qui deviendraient bémols.

403. — Concluons de là :

1° Que d'un ton majeur à celui de la note qui est d'un ton au-dessus, il y a la différence de deux dièses en plus à la clef (ou l'équivalent) : le ton de *do* n'ayant aucun signe, celui de *ré* aura deux dièses ; de *mi*, quatre ; de *fa* dièse, six.

Le ton de *sol* b a six bémols; celui de *la* b, quatre; celui de *si* b, deux. Ici la suppression des bémols tient lieu de la création des dièses. (Art. 305.)

2° Que pour passer d'un ton majeur à celui de sa seconde majeure au-dessous, on aura deux bémols de plus (ou l'équivalent) : en partant de *do* majeur, le ton de *si* b aura deux bémols; celui de *la* b, quatre; de *sol* b, six.

Le ton de *fa* n'a qu'un bémol; celui de *mi* b, trois; de *ré* b, cinq, etc.

La conséquence est évidemment la même pour tout autre ton.

404. — La transition d'un ton majeur à celui qui ne serait qu'à un demi-ton au-dessus ou au-dessous, serait aussi plus difficile, à cause de l'altération d'une très-grande partie des cordes.

Pour monter du ton de *mi* majeur (quatre dièses) à celui de *fa*, il faut rayer les quatre dièses, et prendre un bémol.

Du ton de *do*, pour descendre à celui de *si* ♮, on aurait cinq dièses.

Le motif est que l'on a franchi quatre tons entiers pour arriver au cinquième.

405. — Observez que ces demi-tons *mi fa*, *si do*, sont diatoniques. (Art. 82.) S'il s'agissait de monter ou descendre d'un demi-ton chromatique (art. 396), la transition serait encore moins facile : du ton de *do*, pour passer en *do* dièse, il faudrait dièser toutes les notes. De *si* ♮, pour descendre au ton de *si* b, les cinq dièses du premier disparaissent, et l'on prend deux bémols.

Dans ces deux cas, on aurait franchi six tons intermédiaires, pour arriver au septième. (Fig. 47.)

406. — Ces observations font voir qu'il existe une différence entre les demi-tons diatoniques et ceux chromatiques, puisque les changemens sont plus nombreux avec ces derniers.

Cette différence sera expliquée ultérieurement. Quant à présent, rappelons-nous seulement qu'un demi-ton chromatique est celui formé par deux notes qui ne changent pas de nom : *ré ré* dièse, *sol sol* b, *la la* b, *do do* dièse, sont des demi-tons chromatiques.

Au contraire, *mi fa*, *si do*, *ré* dièse *mi*, *ré* b *do*, sont diatoniques,.... un peu plus grands que les précédens (art. 247), et ils sont formés par deux notes qui ont des noms différens.

407. — Un chant agréable ne peut avoir lieu qu'en le basant sur les cordes d'une gamme ou majeure ou mineure, parce qu'il n'existe et qu'il ne peut exister que deux modes.

408. — Des tentatives ont été faites plusieurs fois pour en trouver un troisième : aucune des innovations proposées n'a pu être accueillie favorablement. Il paraît que, d'après notre organisation physique, toujours il faudra,

1° Que la tonique, la dominante et la sensible soient à des intervalles fixes et invariables. (314);

2° Qu'un accord parfait basé sur un son ait sa première tierce ou majeure ou mineure; car l'oreille exigeant que la tonique et la dominante restent constamment à trois tons et demi l'une de l'autre, la médiante seule peut varier; mais elle ne saurait varier qu'en la baissant d'un demi-ton : l'accord parfait majeur devient alors mineur.

409. — Toute autre combinaison exclurait l'accord parfait et serait pénible à l'oreille, parce qu'elle ne permet pas, sans être gênée, que deux *sons simultanés* soient plus rapprochés

entre eux que d'un ton et demi. (1) Certaines combinaisons dures, placées à dessein, l'autorisent seulement un instant, dans quelques effets d'harmonie, comme pour faire désirer un accord plus flatteur, plus concluant, qui suit presque toujours immédiatement.

410. — Donc, si dans l'accord parfait majeur *do mi sol*, on baissait la médiante d'un ton, au lieu d'un demi-ton, nous aurions en harmonie le groupe *do ré sol*, que rend très-dur l'intervalle de seconde *do ré*.

411. — Si, au contraire, vous élevez la médiante d'un demi-ton, le groupe donnerait *do fa sol* (ou *do mi ♯, sol*), aussi choquant que le précédent, à cause de *fa sol* (ou de *mi ♯ sol*).

En élevant la médiante d'un ton, l'effet serait encore plus insupportable.

Ces aggrégations de trois notes ne peuvent par conséquent être substituées à l'accord parfait majeur ni au mineur.

412. — Or, puisque la nature n'a assigné à la médiante que deux places qui puissent satisfaire l'organe auditif, on doit en conclure qu'il ne peut être créé un troisième mode, attendu que c'est par l'accord parfait majeur ou parfait mineur, et nullement par un autre, que le mode peut être déterminé (392). La position de la sixte y contribue aussi. (322.)

Autrement, il faudrait pouvoir établir trois accords parfaits sur un même son pris pour base, ce qui a paru jusqu'ici impossible.

Ce troisième mode, que l'on a cherché vainement en Europe, ne se rencontre dans aucun pays, car notre musique moderne, qui n'en accuse que deux, paraît suffire pour retracer

____

(1) Voir note G².

les chants les plus simples, comme les plus compliqués de tous les peuples connus. Ses élémens naturels, répandus si généralement, semblent donc universels et immuables, puisqu'ils sont un produit parfaitement convenable à l'organisation de l'homme.

Chapitre 7.

Du Plain-Chant.

413. — Une notice abrégée sur le *plain-chant* nous a paru pouvoir être utile dans quelques localités éloignées des villes. Les méthodes pour apprendre ce genre antique, et qui parfois renferme de grandes beautés, sont d'ailleurs peu répandues parmi les élèves en général ; la plupart ne se doutent pas des principes sur lesquels il est fondé, non plus que de l'immense différence qui existe entre la musique moderne et celle des églises. Celle-ci, à la simple audition, paraît peu compliquée ; un grand nombre cependant, après les études du solfège, ne sauraient l'exécuter couramment, avant de s'être rendu compte des élémens sur lesquels est fondé le plain-chant, lequel déplace souvent les intonations habituelles, et bouleverse toutes les idées que nous avons acquises jusqu'ici sur les règles de la mélodie.

Quelques détails mettront les jeunes gens à même de comparer les deux genres, de prendre un aperçu de la manière des anciens Grecs, et de juger quelles étonnantes modifications a subies le chant depuis l'époque où le pape saint Grégoire régla les tons de l'église.

Portée.

414. — Dans le plain-chant, la portée n'est que de quatre lignes noires. On y ajoute, quand il est nécessaire, une ligne supplémentaire au-dessous et une au-dessus : en totalité, six ligues noires et cinq barreaux blancs, qui suffisent pour écrire les onze sons pleins d'une voix humaine.

Des Clefs.

415. — Les deux seules clefs en usage sont celles de *do* et de *fa*.

La clef de *do* est figurée maintenant, au commencement de chaque portée, par une ligne perpendiculaire, au sommet de laquelle sont deux barres un peu fortes légèrement inclinées à droite (vers les notes), comme deux guidons entre lesquels se place la ligne de la portée donnant le nom de *do* aux notes qui s'y trouvent.

Cette clef s'écrit sur la première, la deuxième, troisième ou quatrième ligne de la portée.

416. — La clef de *fa* est figurée par deux signes : l'un est la même clef de *do* ci-dessus; l'autre placé le premier, à gauche, est aussi une ligne verticale au sommet de laquelle est un seul petit guidon tourné à gauche, et que traverse la ligne de la portée qui prend le nom de *fa;* en sorte que les deux signes se trouvent dos à dos.

Cette clef de *fa* ne s'écrit que sur la troisième ou la quatrième ligne.

Des Notes.

417. — Les notes des livres de chœurs ne sont point rondes comme dans la musique moderne; leurs figures sont carrées et toujours noires. On en distingue cinq, dont les valeurs diffèrent:

1° La *carrée-double* : c'est celle qui exige le plus de durée. Elle est formée par deux carrés horizontaux qui se touchent presque sur le même degré; on n'exprime qu'un seul son prolongé.

Cette note remplace notre ronde à peu près.

2° La *carrée-à-queue* : sa position est également horizontale ; elle est terminée par une queue verticale, supérieure ou inférieure, sans crochet, comme l'est la noire de la musique proprement dite. Le son a moins de durée que pour la carrée-double.

3° La *carrée-simple* : c'est un carré ordinaire placé comme les précédens ; sa valeur est moins prolongée que la carrée-à-queue. Cette note est la plus employée.

4° La *brève* est un carré placé verticalement : l'une des pointes (ou angles) est en haut, l'autre en bas. Sa durée est encore moins longue que celle de la carrée-simple.

5° La *demi-brève* est figurée comme la brève, mais elle est de moitié plus petite ainsi que sa durée.

418. — Ces diverses valeurs sont proportionnelles, et ne peuvent être déterminées que par le mouvement adopté pour le morceau que l'on chante.

419. — Une note quelconque, suivie d'un point, indique un prolongement de son après lequel on peut prendre haleine.

420. — Chaque syllabe des mots latins s'écrit sous la note ou sous les notes qui servent à l'exprimer.

Signes d'altération.

421. — Les *bémols*, les *dièses* et les *bécarres* sont usités dans le plain-chant, mais beaucoup moins fréquemment que dans la musique, parce qu'on n'y connaît point de véritables modulations. Ces signes ne s'appliquent pas non plus à toutes les notes.

422. — Le *bémol*, qui est le plus usité, est figuré par un *b*, et ne s'écrit *à la clef* que pour le *si*, que l'on nomme généralement *note variante*. Tous les *si* du morceau sont baissés d'un

demi-ton, et l'on dit, dans ce cas, que le bémol est *conti-*
nuel.

Dans les autres tons de l'église, le *bémol* peut devenir *acci-*
dentel; alors il se place ou sur le *si,* ou sur le *mi,* mais non
sur d'autres notes.

423. — Le *dièse* se figure ordinairement par un X, dont
les deux lignes du jambage sont doubles. Ce signe est toujours
accidentel, et, par conséquent, on ne le voit jamais à la clef.

Il ne se place que sur le *fa,* le *do* et le *sol.* Le plus souvent,
on ne le trouve point écrit ; l'oreille et l'habitude indiquent à
l'exécutant les passages où il devrait être placé.

424. — Le *bécarre,* figuré comme dans la musique ordinaire, sert à rétablir la note dans son ton naturel.

425. — Il est assez rare que ces trois signes soient mar-
qués avec exactitude. Il n'y a guère, ainsi qu'on vient de le
dire, que la pratique et l'oreille qui puissent rectifier l'oubli
du compositeur ou de l'imprimeur.

Par exemple, un *si* en descendant la gamme par degrés conjoints, est généralement bémolisé, quoiqu'il ne soit pas af-
fecté du signe. Il en est ainsi quand il se trouve entre deux
la, ou autres notes placées au-dessous du *si,* et que le *do* ne
se fait pas entendre immédiatement après.

Au contraire, lorsque le bémol du *si* est écrit à la clef, il
devient toujours bécarre dès qu'il est précédé et suivi du
do. Dans ce cas, la tonalité de la gamme naturelle se fait sentir avec un tel empire, que l'on ne juge pas nécessaire d'écrire
le bécarre au devant du *si.*

De même, le *fa,* entre deux *sol,* se dièse presque toujours
à la seule intonation, ainsi que le *do* entre deux *ré,* et le *sol*
entre deux *la.* Le signe n'est presque jamais marqué.

Repos et Ponctuation.

426. — On sait que le plain-chant n'est point divisé par des barres de mesure ; la forme des notes indique seule la durée des sons. Cependant des barres et demi-barres y sont employées, mais à un autre usage.

Une demi-barre perpendiculaire sert à indiquer la fin d'un mot ; et cela, sans qu'il y ait une pause ou suspension : le mot qui suit doit être entonné immédiatement.

La barre entière, descendant de la quatrième ligne à la première, forme ce que l'on nomme la *ponctuation* ; elle annonce un repos, et la fin d'un membre de phrase, ou même d'une phrase entière. Cette barre correspond, dans le discours, à un ou deux points, au point et virgule, etc. Néanmoins le sens mélodique n'est point censé fini, et la strophe n'est pas terminée.

Deux barres entières verticales indiquent la fin du morceau ; c'est le repos final.

Guidon.

427. — Un petit guidon pareil à celui qui est spécial à la clef de *fa*, est ordinairement marqué à la fin d'une ligne ; pour annoncer la première note de la portée suivante.

428. — Ce même signe se place encore dans le courant d'un morceau. (Quelquefois il est renversé, c'est-à-dire avec la queue supérieure.) Il prépare l'exécutant à changer de clef, ou de position de la même clef : la nouvelle que l'on doit lire est écrite à la suite de ce guidon.

Des Gammes.

429. — Les gammes dont fait usage le chant grégorien, ne sont point dites majeures ni mineures, quoique des auteurs aient tenté d'adopter ce système. On ne reconnaît que deux gammes d'où dérivent tous les tons de l'église, lesquels on nomme aussi *modes*.

La première gamme se nomme *propriété de nature*; c'est celle de *do* naturel, comme suit :

$$\text{Do} \;\overset{1 \text{ ton}}{—} \text{ré} \;\overset{1}{——}\; \text{mi} \;\overset{1/2}{—}\; \text{fa} \;\overset{1}{——}\; \text{sol} \;\overset{1}{——}\; \text{la} \;\overset{1}{——}\; \text{si} \;\overset{1/2}{—}\; \text{do.}$$

La seconde s'appelle *propriété de bémol*; elle n'est autre que la gamme ordinaire de *fa*, disposée comme celle ci-dessus :

$$\text{Fa} \;——\; \text{sol} \;——\; \text{la} \;\overset{1/2}{—}\; \text{si } b \;——\; \text{do} \;——\; \text{ré} \;——\; \text{mi} \;\overset{1/2}{—}\; \text{fa.}$$

430. — Dans l'une et dans l'autre, il faut perdre complètement de vue tout ce que nous avons appris sur les propriétés de ces gammes en musique. Il ne doit plus être question de l'accord parfait, de la tonique, de la médiante, la dominante, la sensible.

Les noms de *tonique* et *dominante* se retrouvent cependant à la vérité dans le plain-chant, mais sous un aspect entièrement différent, puisque chacune des deux gammes nous donne plusieurs toniques, plusieurs dominantes placées à des intervalles qui ne sont pas toujours les mêmes.

De là les divers tons que l'on à créés pour exprimer les sentimens d'admiration, de tristesse, de repentir, de supplications, d'allegresse, de dévouement et autres, que doivent éprouver les chrétiens en adressant leurs prières au souverain créateur.

431. — On concevra, d'après ces indications, que les tons actuels de l'église, qui paraissent avoir été basés sur une partie des anciens modes grecs, ne sont que des fractions de la gamme de *do* ou de celle de *fa*, suivant que l'on a pris ce que l'on nomme tonique ou finale à tel ou tel degré, et la dominante à tel autre d'après les tétracordes antiques, et sans déranger, pour la plupart de ces modes, la place qu'occupent les demi-tons dans ces deux gammes fondamentales.

432. — La tonique a seulement la propriété de terminer le chant.

La dominante est la note qui se répète le plus souvent.

Voyons maintenant quels sont ces *tons* de l'église.

Tons authentiques et plagaux.

433. — On compte huit tons *principaux* dont quatre sont *authentiques* ou impairs, et quatre *plagaux* ou pairs.

Chaque ton authentique a un ton plagal correspondant; tous deux sont basés sur la même tonique; ils diffèrent en ce que : 1° la dominante du ton n'est pas la même, et 2° que l'étendue des notes qu'ils parcourent est bornée dans l'un autrement que dans l'autre.

434. — Le ton authentique a pour limites la gamme du ton depuis sa tonique grave jusqu'à son octave en montant et en descendant.

435. — Le plagal correspondant, au contraire, a cette même tonique à peu près au milieu des notes qu'il peut parcourir. Ainsi, il s'élève de la tonique jusqu'à la cinquième ou sixième note, suivant le ton, et il descend à la troisième, la quatrième ou la cinquième au-dessous de cette tonique.

1er TON.

436. — Le **1er** ton de l'église est authentique (impair). Il est dit *dorien*, ou *gravis*, suivant la nouvelle dénomination. On l'indique sur le livre de chant par De 1, et il est noté à la clef de *do* sur la 4e ligne.

Son étendue est :

$$\text{ré — — mi} \overset{1/2}{—} \text{fa — — sol — — la — — si — do} \overset{1/2}{—} \text{ré.}$$

Les notes dites *fondamentales* sont :
1° Le *ré* tonique et toujours final ;
2° Le *fa* naturel dit tierce ;
3° Le *la* dominante.

2e TON.

437. — Ce 2e ton ayant un numéro pair, est le *plagal* du n. 1er ; il prend le nom de sous-dorien ou de *tristis*. Il est désigné par De 2, et noté à la clef de *fa*, 3e ligne.

Son étendue en montant est :

$$\text{ré — — mi} \overset{1/2}{—} \text{fa — — sol — — la.}$$

et en descendant diatoniquement de ce même *la* jusqu'à son octave inférieure *la* pour finir par *ré*, qui est la tonique ou finale, comme au 1er ton.

Ses notes fondamentales sont *ré* (tonique), *fa* ♮ (dominante) *la* (note extrême).

3e TON, dit authentique (impair).

438. — On le nomme phrygien ou *mysticus* ; il est annoté De 3, et écrit à la clef de *do* sur la 4e ligne ; sa tonique est *mi*.

Ainsi son étendue est :

mi — fa — — sol — — la — — si — do — — ré — — mi.

Ses notes fondamentales sont, *mi* (tonique), *sol* (tierce), *do* qui est dominante.

4ᵉ TON, plagal du précédent, dit sous-phrygien
ou *harmonicus*.

439. — Il se désigne par De 4, et se note à la clef de *do* sur la 4ᵉ ligne.

Son étendue est du *mi* tonique au *do* supérieur, sixième degré, d'où l'on descend au *do* octave inférieure, en observant toujours les demi-tons à leur place naturelle.

Ses notes fondamentales sont, *mi*, *la* (dominante) et *do*.

5ᵉ TON.

440. — Il est authentique et se nomme lydien (1) ou *lætus*. On le désigne par De 5, et il prend la clef de *do* 3ᵉ ligne. Ce ton porte le *si* ♭ à la clef comme étant basé sur le *fa*.

Son étendue sera donc :

fa — — sol — — la — si ♭ — — do — — ré — — mi — fa.

Ses notes fondamentales, *fa*, *la* (tierce), *do* (dominante).

6ᵉ TON, plagal du 5ᵉ.

441. — Il est désigné par De 6, et noté à la clef de *do*, 4ᵉ ligne, avec le *si* ♭. On le nomme *sous-lydien* ou *devotus*.

Son étendue, en montant, est du *fa* tonique au *do*, cinquième note au-dessus, et, en descendant, au *do* de l'octave inférieure, en bémolisant le *si*.

____

1) Un auteur prétend que l'on doit dire *éolien*.

Les notes fondamentales sont, *fa* (tonique), *la* (dominante) et *do* (note extrême).

7ᵉ TON.

442. — Il est authentique, se désigne par De 7, prend le nom de mixo-lydien ou d'*angelicus*. Il est noté à la clef de *do*, sur la 3ᵉ ligne, et basé sur le *sol*.

Son étendue est :

$$\text{Sol} \underset{}{\overset{1/2}{\quad\text{la} \quad\quad \text{si} \; \text{do} \quad\quad \text{ré} \quad}} \overset{1/2}{\quad \text{mi} \; \text{fa} \quad\quad} \text{sol.}$$

Ses notes fondamentales : *sol* (tonique), *si* (tierce), *ré* (dominante.)

8ᵉ TON.

443. — C'est le plagal du 7ᵉ; on le nomme sous-mixo-lydien ou *perfectus*; il s'annote De 8, et s'écrit à la clef de *do*, 4ᵉ ligne. Comme au précédent, sa tonique est *sol*; sa dominante *do*; le *ré* est la note à laquelle il monte et descend. Cette dernière *ré*, comme extrême, est sa troisième note fondamentale.

* * *

444. — Ces huit tons sont les principaux des chants de l'église. Plusieurs autres en sont dérivés et forment de nouveaux modes que l'on nomme *irréguliers*, *mixtes*, *transposés*, et dont la tonique ou plutôt la *finale* diffère des tons réguliers. Il en est de même de leur dominante. Aussi a-t-on généralement l'attention de désigner la finale par les caractères :

a   b   c   d   e   f   g   ou en certains cas par

les majuscules A, B, C, D, E, F, G, qui répondent aux notes . . . . . la, si, do, ré, mi, fa, sol.

Il s'ensuit que, connaissant la note finale, on sait quel est le mode que l'on doit chanter, et les places qu'occupent les intervalles des demi-tons; ce qui est le point le plus important.

Permutation de gamme.

445. — Les deux gammes de *do* et de *fa* étant disposées de la même manière, sous le rapport des places qu'occupent les cinq tons et les deux demi-tons, il est évident que l'on peut employer l'une pour l'autre.

Dans ce cas, au lieu de solfier par :

Do, ré, mi, fa, $\frac{1}{2}$ sol, la, si, do, $\frac{1}{2}$ on solfierait par :

Fa, sol, la, si b, $\frac{1}{2}$ do, ré, mi, fa. $\frac{1}{2}$

Cette permutation de gamme ne change point le chant ni les intervalles, en ayant soin de donner le son de *do* au *fa*, et par suite, aux autres notes de la gamme de *fa* les sons naturels de *do*. C'est une simple substitution.

446. — On emploie ce moyen, qui est une véritable transposition de clef, mais non de mode ou de ton, afin de faciliter la lecture de quelques morceaux. Voici dans quels cas :

La clef de *do*, sur la 2ᵉ ligne, est beaucoup moins facile à déchiffrer que sur la quatrième, parce que, connaissant bien la clef de *sol* (2ᵉ ligne), on y rapporte le nom et le son de chaque note de la clef de *do* (4ᵉ), lequel nom se retrouve sans peine, en jetant les yeux sur la ligne ou le barreau blanc placé au-dessous. Il n'y a qu'un intervalle de seconde entre les notes des deux clefs.

Au contraire, si, dans le plain-chant, je dois lire *do* sur la 2ᵉ ligne, il faut que je monte, par la pensée, à la quarte au-dessus, ou que je descende à la quinte pour retrouver ce nom de *do*, qui serait écrit à la clef de *sol*.

447. — La lecture de la clef de *do*, sur la 2ᵉ ligne, est donc assez difficile quand on n'en a pas acquis l'habitude.

Pour y remédier, ayant la clef de *do* à cette 2ᵉ ligne, on la suppose nulle ; pour la remplacer, on imagine qu'elle est écrite sur la quatrième et accompagnée d'un bémol *continuel* qui affecte le *si* placé immédiatement au-dessous : alors la gamme de *fa* est celle qu'il faut solfier, puisque le *fa* prend la place du *do* qui était écrit sur la 2ᵉ ligne, et que tous les *si* se trouvent bémolisés.

448. — La clef de *do*, 1ʳᵉ ligne, n'offre pas tout-à-fait le même embarras, attendu qu'il suffit de descendre d'une tierce, par la pensée, pour avoir, à la clef de *sol*, le nom et le son de toutes les notes de la gamme de *do*. Néanmoins, on en rend encore la lecture plus simple en *supposant* cette clef de *do* sur la 3ᵉ ligne, avec le bémol du *si*, à la clef. Ici, le *fa* remplace le *do*, sur la 1ʳᵉ ligne, et l'on solfie la gamme de *fa*. Or, pour avoir le nom de toutes les notes de *fa*, il ne faut monter que d'une seconde, en se rappelant les positions de la clef de *sol*.

449. — Il peut donc arriver que de deux personnes chantant le même morceau, l'une rapporte les syllabes latines aux notes de la gamme de *do*, et l'autre à celle de *fa*, ce qui ne détruit ni l'ensemble ni l'exactitude des intervalles. (Art 228 et 273.)

450. — Ces détails servent à expliquer pourquoi, dans les méthodes de plain-chant, on trouve deux clefs écrites au commencement des portées. Le choix en est laissé à l'exécutant, qui prend l'une ou l'autre, suivant son degré d'instruction.

La clef qui est inscrite la première indique le ton réel que l'on doit chanter.

Remarques générales.

451. — On voit combien toutes les formes que l'on vient de décrire, et les chants divers qui en dérivent, sont éloignés de la régularité et de la terminaison si satisfaisante de nos gammes majeures et mineures.

452. — La plus grande difficulté du plain-chant git dans l'intonation exacte des demi-tons, à cause de la variation de leurs positions. Elles n'ont effectivement aucun rapport avec celles qui leur sont assignées dans la musique moderne.

453. — L'absence de la sensible et d'une tonique positive produit sur-tout un effet singulier à une oreille délicate qui, moins exercée aux mélodies simples de l'église, que familière aux airs profanes, est sans cesse tentée de juger qu'il n'y a point de tonique, dans les premiers, ou au moins que le chant n'y est presque jamais terminé.

En effet, quand vous commencez à vous persuader que la tonalité de *do* est établie, on vient vous donner pour finale, tantôt un *mi*, un *ré*, tantôt un *sol*, un *la*, rarement le *do* que vous désirez d'après les habitudes contractées dans le monde.

Croit-on entendre le ton de *fa*, qui semble suffisamment déterminé par le *si* b? Ce ne sera pas le *fa* qui sera la dernière note : ce sera peut-être un *la* qui vous déroutera au point de vous faire perdre tout sentiment de tonalité.

454. — En réalité, la tonalité telle que nous la connaissons, n'existe pas pour les chants de l'église; car, dans la seule gamme naturelle, chaque note peut à son tour être réputée tonique, c'est-à-dire tonique *finale de convention* : il est impossible de concevoir la chose autrement.

455. — Il n'en est pas moins vrai qu'un grand nombre des chants ecclésiastiques offrent une élévation, une grandeur, une majesté que l'on ne saurait trop admirer. La voix est sans contredit le plus parfait des instrumens, lorsqu'elle est juste, douce et d'un timbre sonore. La réunion d'une multitude de voix qui s'accordent à l'octave, à l'unisson, lutte toujours avec avantage contre les combinaisons de la plus large harmonie; et celle-ci n'est jamais plus touchante, plus pathétique, que lorsqu'elle emprunte la gravité du mouvement, et quelques-uns des nobles accens de nos belles hymnes sacrées.

456. — Nous n'avons voulu donner ici que des indications sommaires, pour aider à prendre une idée de l'une et l'autre musique, par une comparaison que chacun est maintenant à même de faire. A l'aide d'un livre d'église, il doit être facile, à quiconque sait solfier, de trouver les intonations du plain-chant, et de vérifier les notions que nous venons de tracer. Pour leur donner plus d'extension, il faudrait de longs détails et de nombreux exemples qui nous entraîneraient au-delà des bornes d'une analyse élémentaire, seul objet que nous nous sommes proposé dans cette première partie. La seconde nous conduira à la confirmation plus approfondie des principes exposés; à la connaissance des différentes compositions musicales, des genres, du rhythme, de la classification des voix et instrumens, de la transposition, de l'écriture de mémoire, des règles d'exécution et de tout ce qui se rattache à la musique d'ensemble.

FIN DE LA PREMIÈRE PARTIE.

NOTES A CONSULTER,

Les notes suivantes n'étant point indispensables pour l'intelligence du texte, on les a renvoyées à la fin de ce volume, afin de ne pas distraire de l'étude principale l'attention des élèves. Lorsqu'ils auront suivi et compris la liaison des élémens exposés dans cette première partie, ils pourront parcourir ces notes, soit comme éclaircissemens, soit comme traditions historiques ou simple objet de curiosité.

Note A.

Art. 2. — *Des Sons.*

Le son se propage successivement autour du corps qui l'a produit, mais en s'affaiblissant de plus en plus, au fur et à mesure qu'il s'éloigne, à peu près comme se forment et s'effacent de proche en proche, sur une pièce d'eau, les cercles ondoyans et concentriques qu'y a fait naître la chute d'une pierre.

A l'air libre, le son parcourt environ 337 mètres par seconde, s'il n'est retardé ou accéléré par la force du vent.

Le son peut être arrêté ou entravé par un corps interposé d'une grande épaisseur, comme une montagne, une masse de maisons.

Il est répercuté et forme écho lorsqu'il rencontre, à quelque distance, une surface à peu près plane, telle qu'un édifice, un côteau, un rocher, un massif de bois de haute futaie formant rideau. Si plusieurs de ces surfaces sont disposées par gradations successives, l'écho devient double, triple, parce que le même son les ayant frappées l'une après l'autre, se trouve renvoyé de la même manière.

Un seul écho répète aussi ordinairement plusieurs sons de suite, et même quelquefois un assez grand nombre.

Il peut arriver encore que l'écho ne soit pas entendu par la personne qui a produit le son, et qu'une autre, placée dans un lieu différent, l'entende parfaitement.

Ces effets sont dus à l'angle droit ou aigu que forme le son sur la surface qui le reçoit et qui le renvoie sous le même angle, comme une balle élastique lancée contre un mur, en ligne directe ou oblique.

En musique, on imite ces divers échos, soit avec un seul orchestre, qui se répète en sons moins forts, soit avec plusieurs, placés à des distances convenables. Lorsqu'on sait bien distribuer et ménager les sons, l'effet en est extrêmement agréable.

Note B.

Art. 3. — *Où il n'y a pas d'air, il n'y pas de son.*

Placez sur un coussin, sous le récipient d'une machine pneumatique, une pendule ou autre instrument ayant un marteau qui frappe sur un timbre; à mesure que l'on fait le vide, le son s'affaiblit. Dès que l'air est entièrement extrait, le marteau continue de frapper, mais le son a complètement disparu. Il sera perçu de rechef, si on introduit sous la cloche, soit de l'air, soit tout autre fluide élastique.

Au même art. 3, il est dit que le son peut se transmettre par les corps liquides et solides.

Les pêcheurs n'ignorent pas que le bruit épouvante et fait fuir le poisson; l'eau est donc un bon conducteur du son.

Quant aux corps solides, si on frappe plusieurs coups légers à l'extrémité d'une longue pièce de bois, une personne qui approchera l'oreille de l'autre extrémité les entendra sur-le-champ et pourra en dire le nombre. En se tenant à quelque distance, l'air ne lui transmettrait pas ce bruit, s'il était très-faible.

Note C.

ART. 9. — *Une voix faible peut devenir sonore.*

On cite entre autres le célèbre Bernacchi, dont la voix était très-faible et le timbre peu flatteur. A force d'études, sous la direction de Pistocchi, il devint le premier chanteur de son temps et le chef de la fameuse école de Bologne, que son maître avait créée. Il florissait dans le XVIII⁰ siècle.

De nos jours, l'illustre dame Bériot, née Marie Garcia, plus connue sous le nom de Malibran (son premier mari), eut dans son adolescence, suivant M. Castil-Blaze, une voix *rebelle, dure* et *voilée.* Le père de cette virtuose était premier ténor à Paris, où elle naquit, en 1808. Il suivit les études de sa fille avec tant de soin et de persévérance, qu'elle est parvenue à mériter la réputation de la première cantatrice de l'Europe. Elle est morte en Angleterre en 1836. Sa sœur, Mlle Pauline Garcia, paraît devoir un jour la remplacer.

Des professeurs italiens se vantent de donner de la voix à des personnes qui croient n'en avoir pas du tout.

Nombre de nos professeurs pourraient citer des élèves qui, ayant du zèle, mais peu de moyens en apparence, ont fini par arriver à des succès inattendus.

Ces remarques tendent à prouver que l'on ne doit pas se décourager, ni perdre l'espoir de chanter par la suite, lorsque, dans les premiers mois de l'étude, on annonce peu de dispositions.

Note D.

Art. 15. — *Une corde fine se meut plus rapidement qu'une grosse.*

La corde se meut dans l'air qui, comme l'eau, est un corps composé de particules très-mobiles, offrant néanmoins de la résistance. Plus la surface de la corde touche de ces particules, plus elle doit en déranger pour se mouvoir ; plus par conséquent elle trouve de résistance ; une grosse corde éprouve donc plus de difficultés qu'une fine de même longueur. Les vibrations de la première sont moins rapides et le son plus grave.

Note E.

ART. 39. — *Voix parlante et voix chantante.*

Il existe des femmes qui ont la voix sourde ou presque rauque pour la conversation, et qui ont des sons élevés pour le chant.

Il n'est pas rare qu'une personne qui bégaie en parlant, chante sans hésitation et même avec netteté, dans les traits vifs; tant est différente parfois la voix de chant de celle du parler.

Napoléon avait, pour le commandement des troupes, une voix mâle et sonore; il ne pouvait essayer le plus petit air sans exciter l'envie de rire, parce que sa voix de chant était désagréable et en même temps fausse.

A cette occasion, faisons quelques remarques sur les voix qui manquent de justesse.

La fausseté d'une voix peut provenir de différentes causes : si le larynx est trop faible, trop lâche, ou s'il est peu flexible, il n'obéit pas à la volonté du chanteur, qui donne malgré lui des sons vacillans, soit plus bas, soit plus élevés que ceux dictés par son oreille, dans la supposition où celle-ci serait juste, ce qui se rencontre assez fréquemment. D'excellens instrumentistes, doués d'une oreille délicate, ne peuvent chanter juste.

Le même inconvénient se trouve chez les sujets qui ont la poitrine faible : ils ne donnent pas assez de souffle pour émettre le son vrai; alors ce son reste un peu bas;

ou bien, dans la crainte de ne pas y arriver, ils donnent trop de souffle, et la note se trouve plus élevée qu'elle ne devrait être.

Si ces défauts d'organisation sont poussés au point de ne pouvoir y remédier dans la grande jeunesse, par des exercices modérés et calculés avec habileté, les personnes qui en sont affectées doivent renoncer au chant, mais non à la pratique d'un instrument, puisque leur oreille est juste.

Une voix est encore fausse, lorsqu'il existe dans l'organe si compliqué de l'ouïe un vice qui empêche de saisir le véritable son, et par conséquent de l'exprimer. Par exemple, si l'une des membranes du tympan est moins tendue que l'autre, le son reçu à droite n'est pas exactement le même que celui de gauche, et tous les deux produisent une sorte de cacophonie, de confusion, d'où résulte de la gêne, et une incertitude de son qui peut devenir un supplice pour la personne sujette à ce défaut. C'est probablement le motif pour lequel certains individus, loin d'être sensibles aux charmes de la musique, en sont affectés péniblement. On en cite cependant quelques-uns qui sont parvenus à goûter la mélodie et les accords, en cultivant le piano dès l'enfance; d'autres, moins jeunes, en fermant hermétiquement l'une de leurs oreilles. Mieux vaudrait, dans ce cas, n'en avoir qu'une seule !

Une timidité excessive peut aussi nuire momentanément au développement de la faculté vocale. Tel élève chante juste avec son professeur ou en famille; s'il arrive quelque étranger, la voix devient mal assurée, tremblante, et la plupart des sons se trouvent faux. Il est facile, avec le temps et de la bonne volonté, de se débarrasser de ce léger défaut, parce qu'il n'est point dû à un vice d'organisation. Le moyen est fort simple, et tout le monde le connaît : on doit prendre la ferme résolution de chanter, tant bien que mal, d'abord devant toute personne connue et indulgente; puis, peu à peu, en présence de quelques autres que l'on connaît moins, et cela tous les jours, ou le plus souvent possible, afin d'en conserver l'habitude. Nul doute qu'en peu de temps on finira par ne plus se déconcerter.

Enfin, un autre défaut de la voix est le grasséyement; trop prononcé, il n'est pas supportable. Beaucoup d'enfans ont de la peine à prononcer nettement un r, un g, et souvent on a le tort de les y encourager, en ne regardant ce vice que comme un agrément. Il est presque toujours possible de corriger cette mauvaise prononciation dans l'âge tendre; et l'on doit au moins le tenter, puisque c'est une défectuosité réelle, et que l'articulation pure est la seule qui mérite des éloges, sous le rapport du chant et de la déclamation oratoire.

Note F.

Art. 40. — *Mélodie. Harmonie.*

Le nom de *mélodie* vient du mot grec *melos*, qui signifie *miel*, *douceur*; expression fort heureuse, car une belle mélodie nous flatte délicieusement.

Le mot *harmonie* n'a pas d'étymologie. On dit qu'il était le nom propre de l'épouse de Cadmus, fille d'Electre, laquelle il avait amenée de Samothrace, et que l'on appelait aussi Hermione. Ce fut elle qui, la première, inspira aux Grecs le goût de la musique, science qu'elle cultivait avec passion; par reconnaissance, ils nommèrent *harmonie* un mélange agréable de voix et d'instrumens.

Il ne paraît pas toutefois que les Grecs aient connu l'harmonie à plusieurs parties (ou contre-point), telle que l'entendent les peuples modernes. Cette opinion a été fortement controversée; mais on est porté à croire que ce genre de musique ne consistait, chez les anciens, que dans un ensemble parfait des voix d'hommes, de femmes et d'enfans, unies aux instrumens, qui tous exécutaient les mêmes mélodies à l'unisson et à l'octave, comme on chante encore aujourd'hui nos hymnes solennelles dans les églises.

L'effet de cette masse de voix serait à coup sûr comme dans l'antiquité, non seulement admirable, mais véritablement sublime, si l'on pouvait parvenir à y joindre tout l'ensemble désirable. Les Grecs avaient obtenu probablement cette précision, puisque la musique avait tant de puissance sur leur âme. Plus qu'à nous, il leur était permis d'arriver à ce grand résultat, parce que l'étude de l'art était l'une des parties obligées de leur éducation. Elle peut le devenir en France, par les soins du Gouvernement et du clergé.

La première idée de l'harmonie actuelle, ou de différens sons simultanés, semble due aux Arabes, auxquels on attribue l'invention de l'orgue. Cet instrument, tout-à-fait oublié maintenant en Arabie, ne fut connu en France que vers l'an 757, sous le règne de Pépin-le-Bref, qui le reçut de Constantin-Copronyme, empereur d'Orient. On en construisit promptement de semblables, auxquels on ajouta peu à peu des améliorations importantes. Les principales églises chrétiennes se trouvèrent ainsi pourvues d'orgues, qui furent consacrées à l'accompagnement des chants religieux. Comme elles faisaient entendre à la fois plusieurs sons différens et prolongés, cet effet alors nouveau fixa, quoique tardivement (dans le x⁰ siècle), l'attention de quelques musiciens qui tentèrent, avec timidité, de l'appliquer aux voix et aux instrumens en usage.

Cette innovation se borna long-temps à deux sons différens, et subit de nombreuses transformations : de sorte que les progrès furent d'une lenteur extrême. L'orgue ne portait alors que quatre octaves.

La découverte de plusieurs instrumens, des essais hardis, des génies créateurs et profonds finirent par étendre l'échelle des sons, et vaincre les principales difficultés. Mais ce n'est guère que depuis un siècle que l'harmonie a pris un grand essor ; et c'est seulement depuis vingt ans que des auteurs à jamais célèbres ont su porter cette science à un haut degré de perfection , en unissant les chants les plus heureux aux vastes ressources de l'harmonie.

Des hommes éclairés et d'un goût délicat expriment néanmoins aujourd'hui le regret de voir quelques compositeurs abuser parfois de l'emploi des nouveaux instrumens de cuivre, et de ceux à percussion, dont l'éclat et la sonorité tendraient souvent à éclipser la mélodie, au lieu de l'embellir et d'en faire ressortir la suavité.

Note G.

Art. 48. — *Ecriture de la musique.*

La musique écrite est lue par tous les peuples qui ont entre eux des rapports de civilisation. Les chiffres arabes offrent presque le même avantage ; ils retracent les nombres chez la majeure partie des nations, avec cette différence que chacune appliquant aux chiffres et aux nombres des mots de sa propre langue, les autres les expriment en mots différens.

La musique, au contraire, représente les sons et leurs rapports entre eux, lesquels sont les mêmes dans tous les pays.

Ces remarques ont donné l'idée de la possibilité d'une écriture universelle, dont l'essai a même dû être tenté en France depuis quelques années.

Note H.

Art. 50. — *Portée musicale.*

Lors de l'invention de la *portée*, en 1024, par Guido, bénédictin d'Arrezo (Toscane), elle était de huit lignes noires. On figurait un son par un point saillant sur chaque ligne, et l'on négligeait les intervalles blancs. Le plain-chant, par la suite, a employé ces intervalles, ce qui a permis de supprimer quatre des lignes noires, en sorte qu'aujourd'hui les livres d'église n'en ont que quatre à la portée. La cinquième n'a été admise, pour la musique proprement dite, qu'à la fin du règne de saint Louis, vers l'an 1265.

Note I.

Art. 58. — *Note* do *ou* ut.

Les Italiens ont conservé pendant plus de six siècles le monosyllabe *ut*, qu'ils prononçaient *out*. En 1670, ils y substituèrent le mot *do*, qui est plus bref et plus facile à lier aux autres noms des notes.

A leur exemple et pour éviter la prononciation sifflante et assez dure de l'*ut* français, nombre de nos professeurs, depuis un certain nombre d'années, ont adopté le mot *do*, qui effectivement est beaucoup plus doux.

13

Note J.

Art. 66. — *Ecriture des sons, par degrés d'élévation.*

Le *do* grave étant supposé le produit de la corde entière, on peut la représenter par l'unité.....ci..... 1

Le *ré* est produit par les. 5/6

   Mi. . . . . . par 4/5

   Fa. . . . . . par 5/4

   Sol . . . . par 2/3

   La. . . . . . par 5/8

   Si . . . . . par 3/5

   Do aigu . . . par 1/2

On voit que **1** est plus grand que. 5/6

    Que 5/6 l'est plus que. 4/5

    Que 4/5 l'est plus que. 5/4

Et ainsi de suite.

Or, la plus grande longueur donne le son le plus grave, *do*; celle qui en approche donne le son suivant, *ré*, etc. Les huit sons ont donc été écrits suivant leur degré d'élévation. (Art. 15 et 17).

Nous annotons les sons en montant, depuis le plus grave jusqu'au plus aigu. Les Grecs suivaient, dans leurs dénominations, un ordre rétrograde à celui dont les modernes font usage : ils plaçaient en haut le grave que nous plaçons en bas. Cette différence, au reste, importe peu, puisqu'en définitive, un son grave ou aigu n'a, en réalité; aucun rapport naturel avec l'idée positive que nous avons de ce qui est bas ou élevé. Mais comme il fallait convenir de la place que devrait occuper chaque son, il aura paru tout simple de considérer comme base, les sons créés par de grosses cordes, et d'établir progressivement au-dessus ceux des cordes de moindres diamètres. De là sans doute la formation d'une *échelle* dont les degrés successifs sont figurés par la *portée*; degrés ou échelons qui sont continués par les lignes supplémentaires. Les dénominations de sons *bas* ou *hauts* résultent évidemment de leur position sur l'échelle générale.

Noté L.

ART. 68. — *Gamme.*

Le nom de *gamme* vient de la lettre grecque Γ *gamma*, que plaça *Guido*, pour désigner le premier son grave *sol* ou G, en tête de l'échelle qu'il proposait.

Avant l'époque où il vivait (xie siècle), on faisait usage de l'échelle des Grecs, laquelle commençait par le son *si* et donnait en deux parties égales, dits *tétra-cordes*,

les sons de...... *si ut ré mi* . . . *mi fa sol la*
qu'ils solfiaient par té ta tè to . . . té ta tè to;
suite à laquelle ils avaient ajouté en dessous, comme surnuméraire, le son *la*, qui se trouvait ainsi le plus grave de leur système.

Guido ajouta *sol* au-dessous de ce *la*.

Les Grecs n'ayant point la portée musicale, se servaient des caractères de leur alphabet : *a* figurait le premier son grave, celui que nous nommons *la*; le *b* figurait le second son, *si*; *c*, le troisième, *ut*, etc.

Le pape saint Grégoire, à leur exemple, adoptant leur échelle des sept premiers sons, y avait appliqué les caractères latins : A B C D E F G qui représentaient *la si ut ré mi fa sol*, et qui se répétaient aux octaves supérieures. Cette méthode est encore usitée en Allemagne et ailleurs, pour le nom des notes.

C'est la raison pour laquelle la première léttre A est attribuée au *la*, et non à l'*ut*, qui est devenu, par suite, le premier son de l'échelle actuelle.

Plus tard, Guido, au lieu d'écrire les sept caractères latins, fit usage de la portée, sur laquelle il figurait chaque son par un point, et en place du nom même des lettres, il renouvela, dit-on, l'ancien usage celtique, de désigner six de ces sons par les noms de *ut*, *ré*, *mi*, *fa*, *sol*, *la*. (Voir la note B 2.) Le *si* fut négligé et conserva le nom de B.

Les sept caractères admis par saint Grégoire n'en sont pas moins restés, pour désigner les cordes des pianos et les tons de rechange des cors d'harmonie.

Note M.

Art. 71. — *Origine du nom des notes.*

Les noms d'*ut*, *ré*, *mi*, *fa*, *sol*, *la*, donnés en Italie et en France, il y a huit siècles, aux six premières notes de l'échelle, viennent (suivant un ouvrage sur l'origine des sociétés), de la musique des Celtes, qui les appelaient ainsi du nom de leurs dieux, ou des planètes alors connues. *Ut* viendrait de *thé-ut* (dieu, ancien, vieux), nom donné à Saturne ou à la planète la plus éloignée. *Ré* vient de *ares* (Mars); *mi* de *og-mi*, ou *mi* (Mercure); *fa* (fax), rappelait Vénus; *sol*, le soleil; *la*, la lune, qu'ils nommaient *la*, signifiant *unique*, la seule.

Ces six monosyllabes profanes, tirés de la langue des Bardes, furent, dit-on, sanctifiés en quelque sorte, en les transportant dans l'hymne de saint Jean :

> *Ut* queant laxis
> *Re*sonare fibris,
> *Mi*ra gestorum
> *Fa*muli tuorum,
> *Sol*ve populi
> *La*bii reatum.

La première syllabe de chaque vers donne le nom d'une note. Elle en donnait aussi le son, du temps de Guido, qui recommandait cette hymne, pour fixer les sons élémentaires dans la mémoire. Le chant n'en est plus le même aujourd'hui.

Le *si* ne s'y trouve point. Cette note ne reçut son nom que long-temps après le xie siècle. L'époque n'est pas connue.

D'autres noms ont été proposés pour les sept notes, par plusieurs auteurs : aucun n'a pu faire adopter ses idées.

Il en a été de même de Jean-Jacques Rousseau, qui voulut, au lieu des sept notes, faire écrire horizontalement les chiffres 1, 2, 3, 4, 5, 6, 7. Le méloplaste a renouvelé, de nos jours, cette méthode, qui a ses avantages, notamment en ce que le chiffre 1 peut représenter toutes les toniques ; 2, la seconde du ton ; 3, les médiantes ; 5, les dominantes, etc. Mais, la facilité de voir d'un coup-d'œil sur la portée, si la voix doit monter ou descendre, fera toujours vraisemblablement rejeter cette innovation. Elle avait fait croire à quelques personnes qu'on pouvait faire de la musique avec l'arithmétique, ce qui est une erreur.

La méthode des sept chiffres, au lieu des notes, est très-commode, pour écrire immédiatement un air nouveau que l'on entend par hasard, parce qu'on peut se servir de papier blanc, sans que les portées y soient tracées.

Note N.

Art. 88.

Le mot *ton* vient du grec et signifie *corde tendue*, parce que chaque ton ou son était rendu par une corde spéciale, vu que les premiers instrumens grecs n'employaient que des cordes à vide. La lyre en portait jusqu'à quinze.

Cependant, sous Sésostris, près de quatre cents ans avant la guerre de Troie , l'Égypte possédait une espèce de guitare à deux cordes tendues sur un manche, qui devait permettre d'en tirer plusieurs sons successifs. On en retrouve l'image dans quelques monumens de cette époque.

Note O.

Art. 110. — *Limites des Sons.*

Euler avait trouvé que le son le plus grave est perceptible à trente vibrations par seconde, et le plus élevé à sept mille cinq cent cinquante-deux. Le résultat est le même que d'après les expériences plus récentes, qui donnent pour termes extrêmes trente-deux et huit mille. Dans l'un et l'autre cas, on obtient huit octaves à très-peu de chose près.

On juge qu'il est impossible de compter plusieurs milliers de vibrations dans l'espace d'une seconde; mais ayant trouvé le moyen d'en compter exactement 15, 30, 60, 120, etc., les savans en auront déduit la conséquence des nombres supérieurs, obtenus en en prenant toujours le double pour la moitié de la corde, jusqu'à ce que le son ne fût plus perceptible.

On peut, au reste, concevoir la possibilité de ce grand nombre de vibrations dans l'espace d'une seconde, en réfléchissant que d'après le perfectionnement des machines à filer le coton, un fuseau fait aujourd'hui jusqu'à huit mille révolutions dans une minute, ce qui est constaté sans peine par les contours du fil qui l'enveloppe. Or, le diamètre d'une fusée est énorme, comparé à la ténuité d'une très-petite corde d'instrument, qui doit par conséquent se mouvoir avec bien plus de facilité.

Note P.

ART. 112. — *Rapports des Cordes entre elles.*

Si l'on voulait prendre une idée du rapport des cordes fines, moyennes et grosses, qu'emploient les instrumens pour former les octaves successives, on pourrait supposer que le son le plus aigu fût produit par une corde très-fine et très-courte, d'un pouce de long, par exemple, laquelle donnerait huit mille vibrations. En doublant huit fois cette longueur d'un pouce, pour avoir le son le plus grave (ou la huitième octave inférieure), la corde aurait deux cent cinquante-six pouces, ou vingt-un pieds quatre pouces, et produirait trente-une vibrations un quart par seconde.

Mais cette grande longueur de la corde, ni sa moitié, son tiers, etc., ne sauraient s'appliquer à aucun instrument praticables. Pour y suppléer, lorsque la corde a trente-deux pouces, par exemple, on en substitue une autre un peu plus grosse, que l'on tend de manière à ce qu'elle donne l'unisson de la corde fine de trente-deux pouces. Cette nouvelle corde étant plus grosse, sera moins longue, quoique donnant le même son. En la doublant une, deux, trois fois, et en continuant de substituer des cordes de plus en plus grosses, on trouve ainsi toutes celles dont font usage les violons, altos, violoncelles, contrebasses, et celles des harpes, pianos et autres instrumens.

Note Q.

ART. 116. — *Sons harmoniques.*

L'affinité du son principal avec ses harmoniques est telle, qu'une corde grave, une note basse d'un instrument à vent ou même d'une forte voix, fait résonner, sans y toucher, les cordes d'un violon, d'une guitare, lorsque leurs cordes sont tendues au point nécessaire pour produire les harmoniques.

Ainsi un *la* grave fait résonner *la* octave, double et triple octave; *mi*, douzième note au-dessus du générateur; *do#* dix-septième, et autres.

Un *sol* fait résonner *si* et *ré* aux mêmes intervalles.

Il est très-remarquable que des cordes qui ne forment pas les sons harmoniques ne sonnent point dans le cas cité.

La théorie s'est long-temps occupée des causes de ce phénomène. Les auteurs ne sont d'accord ni sur ces causes, ni sur le nombre des harmoniques, ni même sur quelques-uns des sons principaux qui s'allient au générateur, comme des parties d'accompagnement à peine perceptibles. En musique, on n'a égard qu'au son principal, lequel domine sensiblement tous les autres.

Dans un son aigu pris pour fondamental, on entend beaucoup moins les harmoniques, ou on ne les entend pas du tout, parce que ceux-ci étant eux-mêmes bien plus élevés et plus faibles que le générateur, l'ouïe ne saurait les saisir.

Le son d'une très-grosse cloche en fait entendre une multitude.

Note R.

Art. 125. — *Choix du* la *pour point de départ.*

Les Italiens ont choisi pour le son du diapason la note *do* et non le *la*. Ce dernier paraît avoir été préféré en France, parce que les violoncelles, altos, violons, guitares, ont une corde donnant à vide le *la*, laquelle il est très-facile d'accorder. Une fois fixée au ton, elle sert à y rapporter les sons des autres cordes plus hautes et plus basses.

D'autres personnes pensent que le *la* fut choisi comme étant le son le plus *grave* du système des Grecs, ou, ce qui est équivalent, par la raison que c'est le son *plein* auquel descend avec le plus de facilité une voix de basse. En le transportant à deux octaves plus haut, pour avoir le médium de l'échelle générale, on a créé le diapason.

Note S.

Art. 127. — *Diapason*.

Tous les diapasons ne rendent pas le même son de *la*; il y en a qui sont tant soit peu plus bas que celui sur lequel sont confectionnés les instrumens à vent, pour les orchestres et les musiques militaires. Le but, pour ces diapasons bas, est de soulager les voix qui, dans la société, montent moins facilement, en général, que celles beaucoup plus exercées des théâtres, et aussi de moins fatiguer les cordes des pianos, des harpes, etc.

Il en résulte qu'un piano qui n'est pas monté au ton vrai, ne peut guère faire de musique qu'avec des instrumens à cordes, parce qu'ils prennent facilement l'accord sur le *la* du piano. Si on y joint des instrumens à vent, ceux-ci sont obligés de s'allonger, ce qui rend faux quelques sons. Il est bien préférable de faire accorder le piano au ton véritable, à moins que les instrumens d'accompagnement ne soient confectionnés sur le diapason bas.

Note T.

Art. 128. — *Son fixe.*

La température et quelques autres causes peuvent faire varier légèrement le son d'un diapason ; en sorte qu'à la rigueur, on pourrait affirmer qu'il n'existe pas de son véritablement fixe. Il faut toutefois le supposer tel, et il n'en résulte aucun inconvénient pour la pratique. Il suffit que tous les instrumens qui jouent ensemble aient pris l'accord sur le même *la*.

Les personnes qui ont l'habitude de faire de la musique d'ensemble ne peuvent manquer d'avoir observé qu'avec un souffle égal et indépendamment de la fatigue des lèvres (art. 27), les instrumens à vent sont sujets à donner des sons un peu trop élevés, lorsqu'ils se trouvent échauffés par l'insufflation. Ceux à cordes, au contraire, ne pourraient que baisser ; ce qui arrive lorsqu'une ou plusieurs cordes se détendent tant soit peu. Dans ce cas, on prend de nouveau l'accord sur le *la* des instrumens à vent, à moins que ceux-ci ne s'allongent suivant le besoin, ce qui n'est pas sans inconvénient.

Note U.

Art. 132. — *Basse.*

Une voix grave d'homme est dite *basse* ou *basse-taille*. Lorsqu'elle est extrêmement grave et forte, ce qui est assez rare, on la nomme *basse-contre*. Il ne faut pas confondre ce dernier terme avec celui de *contre-basse*, grand instrument à cordes, qui donne des sons à l'octave inférieure de ceux du violoncelle.

Note V.

Art. 144. — *Clefs de la musique.*

La clef de *sol* fut formée, dans le principe, du mélange d'un G et d'un S. Le G figurait alors le son que l'on nomma *Sol*, et la clef adoptée rappelait en même temps le nom et le signe de la note.

La clef de *do* n'a de ressemblance qu'avec les découpures d'une clef de porte.

Celle de *fa* était un F aujourd'hui défiguré.

Dans le plain-chant, les clefs de *do* et de *fa* sont différentes de celles de la musique moderne. (Voyez plain-chant.)

Note X.

Art. 167. — *Valeur des notes.*

La valeur des notes est attribuée à Jean de Muris, chanoine de Paris; le premier du moins, il en traça les règles en 1339. Mais avant lui, on devait avoir une mesure quelconque de la durée des sons, au moins pour les langues qui n'avaient point de syllabes longues et

14

brèves, aussi prononcées que chez les Grecs et les Latins.

Le plain-chant de nos églises a, dit-on, conservé en
partie le genre de la musique des premiers siècles de
notre ère; et comme elle, le plain-chant est encore noté
avec des signes de longues et de brèves diverses, mais
sans barres de mesure. Or, toutes les langues n'étaient
pas accentuées comme l'était le latin, et pourtant elles
devaient avoir des chants mesurés avant Muris. Il faut
croire que l'écriture, qui chez d'autres peuples représen-
tait ces chants, avait des signes assez multipliés pour
permettre de classer et de reconnaître les différens degrés de durée des sons longs, brefs ou moyens. La no-
tation actuelle satisfait pleinement à ces conditions, jusqu'au détail le plus minutieux.

Note Y.

Art. 171. — *Des croches.*

Une double croche ne vaut que la moitié d'une croche; on devrait donc dire *une demi-croche*, pour être
conséquent. L'usage veut que l'on dise *double-croche*,
parce que l'on considère non la valeur, mais la figure
même de la note, qui porte un double crochet.

Le raisonnement serait le même pour la *triple-croche*,
qui n'est en réalité que la moitié de la *double-croche*,
ou le quart d'une croche.

Note Z.

Art. 213. — *Pédale.*

Le mot *pédale* vient du latin *pedis*, pied, parce que, dans les jeux d'orgues, le pied sert souvent à soutenir un son, pendant que les mains font entendre d'autres notes.

Note A²

Art. 247. — *Mi ♯ et fa ♮.*

La différence de *mi ♯* et de *fa ♮* résulte de la comparaison des vibrations de l'un à celles de l'autre. Le nombre des vibrations qui donnent *mi ♯* est tant soit peu moins élevé que le nombre donnant *fa* (art. 15); par suite, l'intervalle de *mi* à *mi ♯* est moins grand d'un neuvième de ton, que de *mi* à *fa*.

De plus longs détails seront donnés dans la deuxième partie.

Note B².

Art. 271. — *Bémols.*

Le nom de *bémol* vient de B *mol* (doux ou bas). Ce *b* était anciennement arrondi, par opposition à dit ♯ B carré (*bécarre*, dur).

Le B était la lettre qui indiquait le *si*, note variable, laquelle n'avait pas de nom dans l'hexacorde de Guido. Il la désignait tantôt par *bémol*, tantôt par *bécarre*, suivant le ton.

Depuis, on a appliqué ces deux termes à toutes les notes de la gamme, parce qu'on a reconnu que toutes pouvaient être bémolisées.

Note C2.

Art. 292. — *Bémols et Dièses*.

Lorsqu'il y a beaucoup de bémols ou de dièses à la clef, on peut, dans les commencemens de l'étude, être embarrassé pour énoncer de suite le ton majeur écrit. Voici un moyen mécanique, mais fort simple, pour le trouver :

Complétez par la pensée, jusqu'à sept, en signes contraires, le nombre de ceux inscrits à la clef, et voyez quelle serait la tonique de ces *signes contraires*. Celle écrite sera la même, à un demi-ton près.

Exemple : ayant cinq bémols, je complète sept par deux dièses, qui me donneraient le ton de *ré*. Le ton écrit avec cinq bémols est aussi le ton de *ré*, mais de *ré* b, d'après la clef.

Même règle pour les dièses, en sens inverse, le demi-ton étant supérieur, ou dièse, et non bémolisé.

Exemple : si la clef porte six dièses, je complète sept par un bémol, qui me donnerait le ton de *fa* majeur ; celui pour six dièses est aussi le ton de *fa*, mais de *fa* ♯

Par le même raisonnement, il est facile d'énoncer sur-le-champ le nombre de dièses ou de bémols écrits à la clef, quand une personne nomme un ton quelconque. Quel est, par exemple, l'armement du ton de *si* naturel ? Je répondrai sans hésiter : *cinq dièses*, parce que je me rappelle que le ton de *si* b porte deux bémols.

Quel est le ton de *sol* b ? — Réponse : Celui qui est armé de six bémols (attendu que le ton de *sol* naturel n'a qu'un dièse).

Le principe de cette méthode se déduit du développement *des modulations*. (Art. 405 et 406.)

Note D².

Art. 316. — *Tierce mineure.*

Pour comparer l'effet d'une tierce mineure à celui d'une tierce majeure, on peut chanter le commencement de l'air de *Marlbrough*, qui débute par *do*, *mi* (tierce majeure), et celui de : *O ma tendre musette*, qui commence par : *la la* la do. Ces deux derniers sons, *la*, *do*, forment une tierce mineure. On doit sentir combien celle-ci diffère de la précédente *do*, *mi*.

La cause en est attribuée à ce que, d'après notre organisation, l'intervalle de tierce majeure produit en nous une sensation de gaité, de plaisir, tandis qu'un intervalle qui est un peu plus petit, nous fait éprouver une espèce de gêne, de peine, qui engendre la tristesse et la mélancolie. Ne juge-t-on pas, en effet, dès la première tierce mineure de *O ma tendre musette*, que l'on va prêter l'oreille à des accens doux et plaintifs?

L'autre chant, celui de *Marlbrough*, annonce au contraire un genre décidé, hardi, qui fait naître des idées gaies.

Il est très-important que les élèves soient exercés de bonne heure à distinguer, en entendant un chant quelconque, s'il est majeur ou mineur, même sans chercher (dans les premiers mois), si le ton est en *fa*, en *si*, en *ré*, ou tout autre. Il faut très-peu de pratique pour en acquérir l'habitude, tant sont différentes les deux tonalités.

Note E2.

ART. 335. — *Accord parfait mineur.*

L'accord parfait mineur n'est pas, comme le majeur, le produit de la résonnance du corps sonore (art. 116), attendu que *do* n'est point l'un des harmoniques de *la*, pris pour tonique; *do* n'est distant de *la* que d'un ton et demi, au lieu de deux, comme *mi* l'est de *do*, dans l'accord majeur *do*, *mi*, *sol*.

L'oreille s'accommode néanmoins de l'accord mineur comme du majeur, à cause de la similitude des tierces, quoiqu'elles soient superposées en sens inverse dans l'un et dans l'autre. En *do*, première tierce majeure, et au-dessus, tierce mineure. En *la*, cet ordre est opposé.

On pourrait ajouter que *do*, en majeur, fait résonner *mi* et *sol*; mais que la médiante *mi* ne fait point entendre *sol*.

En mineur, il y a un effet analogue: *la* fait résonner *mi*, dominante, mais non la médiante *do*; celle-ci, au contraire, fait résonner *mi*.

Note F2.

Art. 336. — *Tonique.*

La dernière note du chant, et plus particulièrement de la basse, étant la tonique (moins les chants d'église et quelques airs très-anciens), les commençans y ont ordinairement recours pour reconnaître la tonique. Cette ressource décèle peu d'instruction et d'expérience. Ce moyen ne doit être employé que lorsqu'il y a incertitude absolue, cas qui ne se présente presque jamais.

La tonique finale ne peut d'ailleurs indiquer le mode, puisqu'on peut commencer en majeur et finir en mineur, ou réciproquement (art. 398); et c'est non seulement le ton, mais encore le mode qu'il s'agit de déterminer.

Note G2.

ART. 409. — *Sons simultanés.*

La théorie n'a point su expliquer comment deux ou trois sons différens peuvent être perçus en même temps, sans former à l'oreille une aggrégation confuse et constamment désagréable.

L'expérience prouve bien que deux sons simultanés, qui ne sont séparés que par l'intervalle d'un ton, produisent un bourdonnement qui affecte l'ouïe d'une manière pénible ; que s'ils ne sont qu'à la distance d'un demi-ton, l'ensemble est encore plus dur, plus déchirant.

De ce dernier cas résulte évidemment la nécessité, pour réunir un son et son octave, de prendre celui-ci juste au milieu de la corde qui a créé le premier, parce que deux notes à l'octave l'une de l'autre, se représentent mutuellement, et que si elles ne sont pas le produit de la corde entière et de sa moitié, l'une de ces notes offrant une différence, quoique minime, ne représenterait qu'un son très-rapproché de l'autre, mais qui n'en serait pas l'octave ; ce serait presque comme s'ils n'étaient qu'à un demi-ton d'intervalle.

Mais comment se fait-il que deux sons séparés par un ton et demi ou deux tons, loin de produire ce choc de deux notes très-rapprochées et qui ne peuvent s'allier, deviennent au contraire flatteurs et agréables ? On peut répondre avec raison que la nature l'a voulu ainsi; ce qui ne résout point la difficulté.

La cause physique étant restée ignorée, on a cherché, par des comparaisons, à faire sentir de quelle manière le mélange peut s'opérer et varier dans ses combinaisons. Voici ce que l'on a supposé :

Lancez ensemble, dans une pièce d'eau calme, deux ou trois pierres : si elles tombent à un pied et demi ou deux pieds de distance les unes des autres, leurs cercles respectifs s'établissent sur la surface liquide, se croisent, s'entrelacent, en conservant leurs formes, sans confusion ; il en résulte un ensemble, une espèce de dessin que l'œil suit sans peine.

Si, au contraire, les trois pierres tombent trop rapprochées, elles ne peuvent créer que des cercles très-serrés, informes, embrouillés les uns dans les autres, et dont l'œil se fatigue à démêler les contours.

Appliquant à l'organe de l'ouïe ce raisonnement établi pour la vue, on a jugé qu'il pouvait en être ainsi de plusieurs sons. Trop rapprochés dans leurs intervalles, l'oreille ne peut que confusément en discerner l'union ; ils y forment un ensemble dur et parfois insupportable.

Dès que l'intervalle de deux sons arrive à une tierce mineure ou majeure, à la quarte, la quinte, la sixte, la réunion de ces sons est plus ou moins douce, plus ou moins agréable, mais toujours satisfaisante.

Il en est ainsi de deux tierces superposées, lorsque l'une est majeure, l'autre mineure, ou toutes les deux mineures, comme *si*, *ré*, *fa*.

Si toutes les deux sont majeures, comme *sol*, *si*, *ré* ♯, leur union est désagréable et discordante. On croit que chacune d'elles produisant un effet tranchant et dominateur, ne permet pas qu'une autre de même nature vienne s'y joindre. Il en est ainsi de deux quintes.

Quant à la septième note jointe à la première, l'ensemble devient de rechef dur et fatigant, par la raison que la septième remplace une seconde, ainsi qu'on vient de l'expliquer.

Lorsque les intervalles excèdent l'octave, le raisonnement est analogue, puisque les sons à l'octave ne sont que l'écho ou la répétition les uns des autres. Cependant il est remarquable que plus la distance qui les sépare est grande, moins la dureté est sensible pour les sons qui, dans une même octave, se trouveraient trop rapprochés.

FIN DES NOTES.

TABLE ALPHABÉTIQUE
Des Matières
DE LA PREMIÈRE PARTIE.

Articles.

Q

R

S

FIN DE LA TABLE DE LA PREMIÈRE PARTIE.

Rennes, Imp. de A. Marteville.

1.re Partie.
Fig. 1.re
Soprano
Diapason
Ténor
Basse.
Arpèges
Fig. 15.
Effet
Effet
Tons maj:
Tons min:
DO
LA
Valeurs
Valeurs
au milieu